Marianne Kelnberger

Zeit für Kunst

Betrachten, praktisches Tun und
phantasievolles Gestalten
in der 3. und 4. Jahrgangsstufe

umweltfreundlich
auf
chlorfreiem
Papier

Copyright: pb-verlag • 82178 Puchheim • 2002

ISBN 3-89291-**269**-6

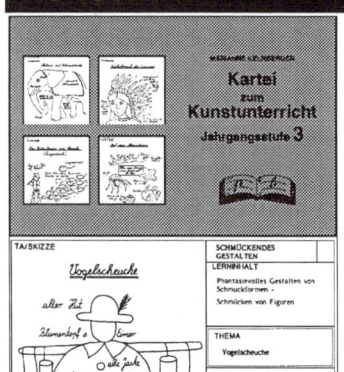

Inhaltsübersicht:

I. SCHMÜCKEN
Didaktische und methodische Informationen
Das sind wir
Wir verzieren unser Namenskärtchen
Ein Schmuckkästchen für Mutti
Elefant mit Schmuckdecke
Glückwunschkarte zum 'Neuen Jahr'
Eierbecher aus Papier für Ostern
Wir bemalen Ostereier
Wir bemalen Blumentöpfe
Bankräuber gesucht
Wir schminken unser Gesicht
Im Trachtengeschäft
Vogelscheuche (Collage)
Kopfschmuck für Indianer (Collage)
II. DRUCKEN
Didaktische und methodische Informationen
Der Rattenfänger von Hameln (Fingerdruck)
Prachtfisch (Kartoffeldruck)
Schmetterling (Korkdruck)
Spinnennetz (Pappkantendruck)
Wir lernen den Materialdruck kennen

Auerhahn (Materialdruck mit Vogelfedern)
Geschenkpapier (Druck mit Naturmaterialien)
Wunderbaum (Materialdruck mit Blättern)
Safari (Uhudruck)
Gespenstertreffen (Schnurdruck)
Onkel Dagoberts Geldberg (Frottage)
III. MALEN
Didaktische und methodische Informationen
Wir stellen Rottöne her
Feuer im offenen Kamin (Rottöne)
Wir stellen Brauntöne her
Wir stellen Gelbtöne her
Kamel in der Wüste (Gelb- und Brauntöne)
Frosch auf Seerosenblättern (Grüntöne)
Wir stellen Blautöne her
In der Eishöhle (Blautöne)
Fisch mit blauen Schuppen und blauen Flossen
Goldfisch im Unterwassergarten
Auf dem Meeresboden
Roter Mohn auf grüner Wiese
Der Apfelbaum
Batzi als Zaubervogel (Lilatöne - 1. Teil)
Batzi als Zaubervogel (Kontrast - 2. Teil)

IV. SCHATTENSPIEL
Didaktische und methodische Informationen
Wir spielen mit unserem eigenen Schatten
Was bin ich?
Der Nussknacker
Wir basteln eine Schattenspielfigur
Am Schulbus
Wir basteln eine Schemenspielfigur
Heut' ist große Zirkusvorstellung
V. BILDBETRACHTUNG
Didaktische und methodische Informationen
Der Hirtenknabe (FRANZ v. LENBACH)
Kinderspiele (P. BRUEGHEL)
Auf der Mohnwiese (HEIDE DAHL)
Kleines Mädchen mit Vogel (A. SANDER-PLUMP)
Anhang
Zeitliche Planung (Karten)

Kunstunterricht 3
Nr. 141 *160 Seiten* €17,50

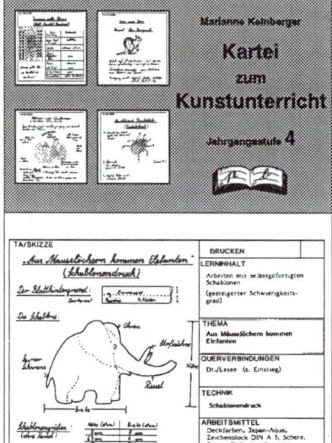

Inhaltsübersicht:

Arbeit mit der Kartei
Tipps und Tricks
I. ZEICHNEN
Vorbemerkungen
Die Geisterkrabbe
Kampf der Ameisen
Aus meiner Hosentasche
Im Lebensmittelgeschäft
Fronleichnamsprozession
Wir fahren Ski
Bockspringen
Beim Baden
Schwalbenflug
Im Delphinarium
Pferdedressur
II. Drucken
Vorbemerkungen
Farn
Porträt
Serviette
Segelschiffe auf dem See

Kunstgalerie
Computerfehler
Aus Mäuselöchern kommen Elefanten
Giraffenherde
Weihnachtskarte
Blumenteppich
III. MALEN
Vorbemerkungen
Herr Muffig wird zum Clown
Masken
Tiermasken
Im Fotoatelier
Aufziehendes Gewitter
Flammen aus dem Fenster gegenüber
Geisterflug bei Nacht
Jimmys gelbe Blume
Warme und kalte Farben
Sommersonne
Meeresfische
Ein schöner Herbsttag
Altes Ehepaar
Wir gestalten Weihnachtskarten
Leuchtende Prachtkäfer
Feuerwerk

IV. PANTOMIME
Vorbemerkungen
Wer isst was?
Die Tür
Der Zaun
Der Schatz unter dem Felsen
Wir sind Tiere
Des Kaisers neue Kleider
V. BILDBETRACHTUNG
Vorbemerkungen
Christophorus (KONRAD WITZ)
Urwaldlandschaft (H. ROUSSEAU)
Mädchen mit Taube (PABLO PICASSO)
Landschaft am Genfer See (FERDINAND HOLDER)
Die Auswanderer (OSKAR KOKOSCHKA)
Melonen- und Traubenesser (B.E. MURILLO)
Die Akrobatin (MARC CHAGALL)
Hinweise auf
Anhang: Zeitliche Planung (Karten)

Kunstunterricht 4
Nr. 153 *158 Seiten* €17,50

Inhaltsübersicht:

Vincent van Gogh
Die Sternennacht

Henri Rousseau
Der Ballspieler

Claude Monet
Die Mohnblumen (Erfassen von Bildinhalt und Bildtiefe)
Die Mohnblumen ("Spiel" mit dem Licht)

Franz Marc
Kleines blaues Pferd

Lovis Corinth
Zur Person des Künstlers
Johannisfeuer/Walchensee 1920

Pablo Picasso
Kind mit Taube

Beilage
Folien in Farbe

Begegnung m. Kunstwerken 3./4.
Nr. 760 *88 Seiten* €15,50

Foliensatz

9 Farbfolien

Inhaltsübersicht:

1) Folie A 1: Die Sternennacht (Vinenct van Gogh, 1889)
   Folie A 2: Die Sternennacht (Ausschnitt Himmel)
2) Folie B 1: Zwölf Sonnenblumen in einer Vase (V. van Gogh, 1890)
   Folie B 2: Vase mit Iris vor gelbem Hintergrund (V. van Gogh, 1890)
   Folie B 3: Selbstbildnis (V. van Gogh, 1889)
3) Folie C: Die Rugbyspieler (Henri Rousseau, 1908)
4) Folie D: Mohnfeld bei Argenteuil (Claude Monet, 1873)
5) Folie E 1: Die Kathedrale von Rouen am Mittag (C. Monet, 1894)
   Folie E 2: Das Portal und der Turm d´Albane bei strahlender Sonne, Harmonie in Blau (C. Monet, 1894)
6) Folie F 1: Kleines blaues Pferd
   Blaue Pferde
   Rote Pferde
   Turm der blauen Pferde
   Folie F 2: Kleines blaues Pferd (Franz Marc, 1911)
7) Folie F 3: Blaues Pferd (F. Marc)
8) Folie G: Johannisfeuer am Walchensee (Lovis Corinth, 1920)
9) Folie H: Das Kind mit der Taube (Pablo Picasso, 1901)

Begegnung m. Kunstwerken 3./4.
Nr. 653 *9 Farbfolien* €21,50

Inhaltsübersicht:

1. **Paul Signac:** An der Seine
2. **Henri Rousseau:** Der Traum
3. **Marc Chagall:** Moses vor dem brennenden Dornbusch
4. **Edward Hicks:** Das Königreich des Friedens
5. **Peter Blake:** Eule und Mietzekatze
6. **Wassily Kandinsky:** Succession
7. **Wassily Kandinsky:** Blick über den Staffelsee
8. **Maurits Cornelius Escher:** Luft und Wasser
9. **Paul Klee:** Tiergarten
10. **Gabriele Münter:** Frau in weißem Kleid
11. **Peter Paul Lohse:** Progression von vier gleichen Teilen
12. **Max Raffler:** Ein Muttergottesbild
13. **Vincent van Gogh:** Segelboote in Saintes les Maries
14. **Gustav Klimt:** Die Erwartung
15. **Nordafrikanische Volkskunst:** Bemalte Hand einer Berberfrau
16. **Kunstwerke zum Betrachten**

Kinder erschließen sich Kunstwerke mit 16 Farbbildern
Nr. 958 *96 Seiten* €19,50

Inhaltsübersicht:

1. Ein grauer Regentag (Text und Gestaltungsvorschlag)
2. Im Land der blauen Farbtöne
2.1 Die tausend Federn (Text und Kopiervorlage)
2.2 Im Eismeer (Text und Gestaltungsvorschlag)
3. Im Land der roten Farbtöne
3.1 Auf der Mohnblumenwiese

3.2 Das Höllenhaus (Text und Gestaltungsvorschlag)
4. Im Land der gelben Farbtöne
4.1 Zwischen den Sternen (Text und Kopiervorlage)
4.2 Tortilla im Tortenturm (Text und Gestaltungsvorschlag)
5. Im Land des rot-grünen Farbkontrastes
5.1 Der Kräutler (Text, Kopiervorlage und zwei Gestaltungsvorschläge)
6. Im Land der bunten Farben
6.1 Auf dem Regenbogen (Text und Kopiervorlage)
6.2 Meine bunte Welt (Text und Gestaltungsvorschlag)
Literaturangabe
Blaich, Ute: Julia und ihr Pferd. Geschichten zum Malen, Oldenbourg 1974

Kunsterziehung 3./4.
Nr. 786 *28 Seiten* €6,90

<u>Vorwort</u>

Mit dem vorliegenden Skript haben Sie ein komplexes Unterrichtswerk für den Kunstunterricht der dritten und vierten Jahrgangsstufe zur Hand. Die darin enthaltenen Vorschläge helfen Ihnen bei der individuellen Planung, ermöglichen Ihnen effektives Arbeiten und zeigen Ihnen Verbindungsmöglichkeiten zu anderen Fächern auf.

Die Themen sind für jede Jahrgangsstufe nach Erfahrungsbereichen geordnet :
     Natur als Künstlerin
     Menschen als Gestalter der Welt
     Ich und meine Mitmenschen
     Bilderwelt der Medien
     Vorstellungswelten
(vergl. Inhaltsverzeichnisse S. 4 und 5: „Erfahrungsbereiche, Themen und Techniken").
Sollten Sie jedoch zu einem bestimmten Arbeitsbereich (grafisches Gestalten, farbiges Gestalten, räumliches Gestalten, szenisches Gestalten, Gestalten mit technisch/visuellen Medien) ein Thema suchen, so helfen Ihnen die Inhaltsverzeichnisse auf den Seiten 6 mit 9 „Techniken und Verfahren" weiter.

Jedes Thema wird auf zwei gegenüberliegenden Seiten dargestellt. Dabei finden Sie in einer Übersicht auf der linken Seite
- den zugehörigen Arbeitsbereich,
- die benötigten Arbeitsmittel und
- mögliche Querverbindungen.
Vorschläge für geeignete Stundeneinstiege und ausführliche Überlegungen zur Aufgabe erleichtern die Unterrichtsarbeit.
Ein Tafelbild, Skizzen oder Schülerarbeiten vermitteln zudem eine Vorstellung über das Endprodukt.
Die angegebenen Unterrichtszeiteinheiten stellen nur einen Anhaltspunkt dar. Je nach Organisation des Unterrichts (ein- oder zweistündig, Klassen- oder Fachlehrerunterricht) bzw. der angestrebten Intensität bei einzelnen Themen können sich Abweichungen von diesen Werten ergeben.

Viel Freude an der künstlerischen Arbeit und gutes Gelingen wünscht Ihnen und Ihren Schülern

Marianne Kelnberger

Inhaltsverzeichnis
Erfahrungsbereiche
Jahrgangsstufe 3
(Thema und Technik)

Inhaltsverzeichnis
Erfahrungsbereiche
Jahrgangsstufe 4
(Thema und Technik)

Inhaltsverzeichnis
Techniken und Verfahren

Jahrgangsstufe 3

Grafisches Gestalten

Zeichnen

Drucken

Farbiges Gestalten

Malen

Collagieren
- mit flachen Fundstücken:
   Blättertier (S.12)
- mit farbigen Papieren:
   Zahnpastawerbung (S.40)
   Werbung für unsere Schülerzeitung (S.42)
- Zerrbild:
   Verzerrtes Bauwerk (S.20)

Experimentelles Farbaufdrucksverfahren
- Spritztechnik:
   Glückwunschkarte (S.16)
- Wachsbatik:
   Herbstlaub (S.14)
- Abklatschtechnik:
   Kreidestaub-Schmelzbild (S.48)

Gestalten mit technisch-visuellen Medien

Computergrafik
- Erproben verschiedener Schrifttypen:
   Septembermorgen (S.18)
- Werbeplakat für die Schülerzeitung (S.42)

Räumliches Gestalten

Bauen
- Bauen mit plastischer Masse (Schnee) :
   Wir bauen ein Iglu (S.22)
- Bauen mit Abfallmaterialien; Verbindungstechnik: Kleben und Leimen:
   Bau einer Ritterburg (S.24)
- Bauen mit Holz:
   Wir bauen eine Stadtkulisse (S.26)

Szenisches Gestalten

Darstellende Spielformen
- Schattenspiel:
   Der Nussknacker (S.32)
- Schwarzlichttheater:
   Black Stage (S.34)
- Kulissenbau:
   Wir bauen eine Stadtkulisse (S.26)

Inhaltsverzeichnis
Techniken und Verfahren

Jahrgangsstufe 4

Grafisches Gestalten

Zeichnen

Absprengtechnik

Farbiges Gestalten

Malen

Collagieren

Gestalten mit technisch-visuellen Medien

Computergrafik
- Erproben verschiedener Schrifttypen:
    Erzählen wie die Indianer (S.80)

Räumliches Gestalten

Formen
- mit Ton:
    Ein Schuh als Stiftehalter (S.68)
- Steinmosaik:
    Am Meeresstrand (S.62)
- mit Kleister und Reis:
    Masken mit Reis (S.78)

Bauen
- mit Holz, Fundstücken, Abfallmaterialien, Restteilen:
    Instrumente basteln (S.70)
    Vogelscheuche (S.72)
    Shoe-Roadster (S.76)
    Roboter (S.100)
- mit flexiblen Materialien: Maisblätter, Stoffreste:
    Puppen aus Maisstroh (S.74)
- Fadenverbindung:
    Indianerflugkreuz (S.82)

Szenisches Gestalten

Darstellende Spielformen
- Figurenspiel:
    Puppen aus Maisstroh (S.74)

Tipps und Tricks
für einen effektiven Kunstunterricht

☞ Eine Materialkiste für jeden Schüler mit dem ständig benötigten Material (Wachsmalstifte, Malkasten, Pinsel, Becher, Uhu, Schere usw.) beugt dem Vergessen vor.

☞ Speziell für eine Kunststunde benötigte Materialien sind oft leichter und billiger vom Lehrer für alle Schüler zu besorgen. Das Einsammeln des Geldes können auch zuverlässige Schüler übernehmen.

☞ Bildzeichen bezüglich des Materials am Anfang der Stunde an der Tafel fixiert unter den Worten „Du brauchst.." beschleunigen das Herrichten.

☞ Zur Sauberhaltung bzw. leichteren Säuberung der Tische empfiehlt es sich, diese vor der Arbeit im Kunstunterricht mit Zeitungen zu bedecken. Oft verschenken Papierfabriken fehlerhafte Tonpapiere im Format A2. Diese sind zum Abdecken auch sehr gut geeignet.

☞ Gedränge am Waschbecken beim Wasserholen lässt sich vermeiden, wenn zwei Schüler mit kleinen Gießkannen (1-2 Liter) herumgehen und die aufgestellten Becher mit Wasser füllen.

☞ Das Umfallen der Wasserbecher wird vermieden, wenn diese am Malkasten befestigt werden können.

☞ Schüler erkennen ihre Arbeiten manchmal nach dem Trocknen nicht wieder. Deshalb bereits vor Beginn der Arbeit auf die Rückseite des Blattes den Namen mit Bleistift notieren lassen. Der Nachbar kann kontrollieren.

☞ Gedränge am Waschbecken und unnötige Spritzerei nach der Arbeit kann vermieden werden, wenn man zwei bis drei kleine Eimer (2 Liter) mit (warmen) Wasser und Lumpen sowie einen größeren leeren Eimer bereitstellt. Die Schüler leeren das Wasser aus ihren Bechern in den großen Eimer und reinigen mit den Lumpen ihre Tische.

☞ Die Produktbesprechung erfolgt am besten im Sitzkreis. Sie verlangt erziehliche Einflussnahme, damit sie von gegenseitiger Achtung und Sachlichkeit getragen ist.

☞ Für das Einschenken der Becher, Säubern der Tische, das Austeilen der Zeichenblöcke am Anfang der Stunde bzw. das Einsammeln und Ordnen der zum Trocknen ausgelegten Werke kann ein extra Dienst „Kunstdienst" eingerichtet werden.

Erfahrungsbereich	TA/Skizze
Natur als Künstlerin / Umgestaltung	*Blättertier*
Thema	Beispiele für geeignete Tierformen:
Blättertier	
Arbeitsbereich	
Collagieren mit flachen, eigen-farbigen Fundstücken	Ente Eule Hahn
Arbeitsmittel	
verschiedene getrocknete und gepresste Blätter, Tonpapier DIN A4, Bleistift, Kleber	Katze Schildkröte Vogel
Querverbindungen	
HSU: Tiere und Pflanzen des Waldes	

Blättertier
(1-2 UZE)

Betrachten der mitgebrachten Blätter:

Jedes Blatt hat eine andere Form und eine andere Farbe - die Natur ist eine Künstlerin
Formen: fast kreisrund, oval, drachenförmig, dreieckig,
       spitz oder stumpf,
       Rand gezackt, gebuchtet, gesägt, glatt
Farben: verschiedene Grün-, Braun-, Rot- und Gelbtöne

Zielangabe:
Gestaltung eines Blättertiers unter Berücksichtigung von Größe und Form der Blätter

Sammlung möglicher Tiere:

Nicht alle Tiere eignen sich als Blättertier gleichermaßen. Die Form muss einfach und typisch sein, so dass das Tier anhand der Form leicht erkennbar ist.
- Sammlung möglicher Tierformen im Klassengespräch,
- L skizziert Umrisse an TA unter Herausstellung der typischen Merkmale.

TA/Skizze

Blättertier

Tonpapier DIN-A5
je nach dem ausge-
wählten Tier

| Querformat | oder | Hoch-format |

 : Zeichne das Tier so groß wie möglich mit
Bleistift auf das Tonpapier.

: Lege die Blätter auf die Zeichnung,
nutze die verschiedenen Größen und Formen
und schiebe sie, bis dein Bild schön aussieht.

: Klebe ein Blatt nach dem anderen sauber
und fest auf.

Vorsicht:

Kleber auf Wasserbasis
können das Verrotten
der Blätter be-
wirken.

Vorgehen:

- Tier auswählen und auf das Tonpapier leicht mit Bleistift aufzeichnen,
  darauf achten, dass das Format entsprechend der Tierfigur gewählt wird
  und dass das Tier so groß wie möglich auf das Tonpapier aufgemalt wird.

- Blätter auf die Zeichnung legen unter Ausnutzung von Größe, Form und Farbe
  (z.B. Federkleid eines Vogels: möglichst gleiche Blätter verwenden und übereinander kleben,
  Panzer der Schildkröte: rundliche Blätter verwenden,
  Eulenaugen: möglichst runde, hell leuchtende Blätter...)

- Blätter so lange hin und her schieben, bis die angestrebte Form erreicht ist.

- ein Blatt nach dem anderen festkleben,
  darauf achen, dass das Blatt bis zum Blattrand sauber mit Kleber bestrichen wird, so dass
  die Blätter nicht abbröseln oder sich nicht ablösen.

Reflexion/Produktbesprechung:

Auswahl der Blätter hinsichtlich des verwendeten Körperteils, Sauberkeit beim Kleben
Formatfüllung des Blättertiers

Erfahrungsbereich	TA/Skizze
Natur als Künstlerin / Umgestaltung	
Thema	
Herbstlaub	
Arbeitsbereich	
Zeichnen / Wachsbatik (experiment.Farbauftragsverfahren)	
Arbeitsmittel	
verschiedene Blätter, wasserfeste Wachsmalkreiden, Wasserfarben, dicker Pinsel, Zeichenpapier DIN A4 oder A3	
Querverbindungen	
HSU: Pflanzen des Waldes	

Herbstlaub

Beispiele für Blätterformen:

Herbstlaub
(1-2 UZE)

Betrachten und Befühlen der mitgebrachten Blätter:

Jedes Blatt hat eine andere Form und eine andere Farbe - die Natur ist eine Künstlerin
Formen: fast kreisrund, oval, drachenförmig, dreieckig,
           gefingert, gefiedert, gelappt,
           Rand gezackt, gebuchtet, gesägt, gezähnt, glatt
           mit Seitenadern oder Blattrippen (auf der Blattrückseite befühlen lassen!!)

Zielangabe:
Gestaltung von Herbstlaub in Wachsbatik

TA/Skizze	Gestaltung / Technik:

Herbstlaub
(Wachsbatik)
Querformat

Gestaltung / Technik:

1.Teil: Zeichnen der Blätter mit wasserfesten Wachsmalfarben

 : Farben: Rot, Orange, Gelb, Grün und Braun

 : nur Rand und Adern zeichnen, nicht anmalen nicht überschneiden lassen

 : Hintergrund fest mit weißer Wachsmalkreide anmalen

 Farben: Rot, Orange, Gelb, Grün, Braun
dicker Pinsel
nass und schnell übermalen
(Blatt und Hintergrund)

- nur die Farben Gelb, Grün, Rot und Braun verwenden
- nur den äußeren Rand und die Blattrippen zeichnen, Blatt nicht anmalen!!!
- auf Blattkontur achten
- Blätter über das gesamte Blatt zeichnen
- offene Bildgrenzen, d.h. manche Blätter können nur teilweise zu sehen sein, Vorsicht: Blätter dürfen sich nicht überschneiden

2.Teil: Vorbereitung des Hintergrundes mit wasserfester, weißer Wachsmalkreide
Im zweiten Arbeitsgang wird der nicht gemeinte Grund, also alles, was nicht zu einem Blatt gehört, mit weißer Wachsmalkreide fest bemalt.

3.Teil: Übermalen des gesamten Blattes mit Wasserfarben
Die aufgezeichneten Blätter werden nun in warmen Herbstfarben (Orange, Gelb, Rot, Braun, Ocker) übermalt, wobei möglichst viele Farben verwendet werden sollen.
Gemalt wird in Nass-in-Nass-Technik, d.h.
- ein Verlaufen der Farben ist gewollt
- gemalt wird mit dickem Pinsel über das gesamte Zeichenblatt
- das Übermalen geschieht möglichst schnell
Effekt: Da die Wachsmalkreide keine Farbe annimmt, werden die Blattkonturen und Blattadern bzw. der weiß gesprenkelte Hintergrund sichtbar.

Reflexion / Produktbesprechung:
Gemeinsames Betrachten der Werke
Besprechung hinsichtl. gestaltklärendes Zeichnen und Farbharmonie
Eingehen auf die Überraschungseffekte der Wachsbatik

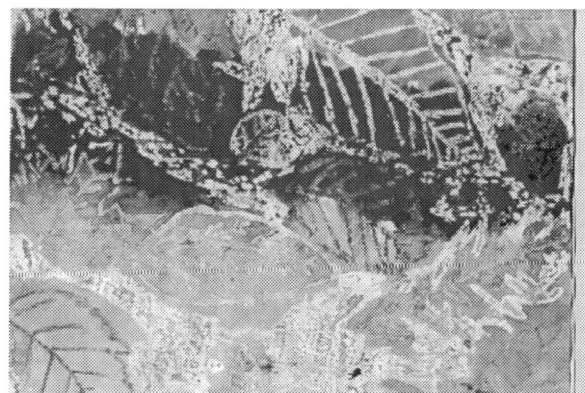

Erfahrungsbereich	TA/Skizze
Natur als Künstlerin / Veränderung und Umgestaltung	*Glückwunschkarte*
Thema	*Wir spritzen mit Deckfarben*
Glückwunschkarte	Lege deinen Platz gut mit Zeitungspapier aus. Feuchte die Farben gut an.
Arbeitsbereich	☞: Experimentierpapier: Probiere aus: Wassermenge Farbauftrag Zahnbürstendruck Dein Spritzbild soll fein, ohne Flecken sein.
Experimentelles Farbauftragsverfahren - Spritztechnik	
Arbeitsmittel	☞: Lege das Ahornblatt auf das Kartonpapier, beschwere es.
ein schönes Ahornblatt, weißes Kartonpapier (DIN A6) weiche Zahnbürste, Teesieb, Deckfarben, Kieselsteinchen	☞: Spritze nun den Hintergrund in einer Farbe.
	☞: Kurz vor Beendigung deiner Arbeit entferne das Ahornblatt und spritze leicht über diese Fläche.
Querverbindungen	
Dt./ schriftl. Sprachgebrauch: Eine Karte schreiben	☞: Schreibe auf die Karte einen Glückwunsch in das Blatt.

Glückwunschkarte in Spritztechnik
(1 UZE)

Klassengespräch:
Betrachten der mitgebrachten Blätter, Auswahl besonders schöner, geeigneter Exemplare

Zielangabe:
Wir wollen eine Glückwunschkarte in Spritztechnik herstellen.

Erklären der Technik:

Man arbeitet mit einer weichen Zahnbürste und einem engmaschigen Teesieb.
Mit der Zahnbürste nimmt man die angefeuchtete Deckfarbe auf und streicht anschließend über das Teesieb. Die Farbe spritzt auf das darunterliegende Blatt.
Vorsicht: Mit zu viel Wasser oder Farbe in der Zahnbürste gibt es beim Spritzen Kleckse. Daher muss man überflüssige Farbe am Mallappen abtupfen.

Vorbereitung des Arbeitsplatzes:

Um ein Beschmutzen anderer Gegenstände zu vermeiden, wird alles vom Tisch geräumt, was nicht gebraucht wird, und der Tisch gut mit Zeitungspapier ausgelegt.

Experimentelles Arbeiten:

Auf einem Experimentierpapier machen die Kinder Versuche zu der Menge des beigemischten Wassers und dem Farbauftrag. Auch das Halten von Zahnbürste und Sieb bzw. der nötige Druck müssen ausprobiert werden um Flecken und Patzer zu vermeiden. Je feiner gespritzt wird um so besser.
Erst wenn der Schüler mit dem Ergebnis zufrieden ist, wird mit dem richtigen Papier gearbeitet.

Herstellung der Glückwunschkarte:

Ein schönes Ahornblatt wird auf den weißen Karton gelegt und an den Spitzen leicht beschwert. Dazu eignen sich kleine Kieselsteinchen sehr gut, da sie das nötige Gewicht haben und nach dem Spritzen weggeworfen werden können. Die Steine dürfen aber nicht über das Ahornblatt hinausragen. Eine andere Möglichkeit ist das Feststecken mit Nadeln.
Nun wird der Hintergrund bespritzt (eine höchstens zwei Farben verwenden!).
Damit die Fläche, auf der das Ahornblatt gelegen ist, keinen zu starken Kontrast zum Hintergrund bildet, kann nun das Blatt entfernt und die gesamte Fläche noch ein wenig besprüht werden.
Zum Schluss kann ein Glückwunsch oder Anlass auf die Karte geschrieben werden.

Reflexion / Produktbesprechung:

Betrachten der Werke
Besprechung von Farbwahl und insbesondere Gelungenheit des Farbauftrags

Weiterführung:

In Deutsch kann auf die Karte z.B. ein Glückwunsch geschrieben werden.
Falls ein Förster die Kinder im Wald geführt hat, bietet es sich gut an, einen Dank auf die Karte zu schreiben und zu verschicken.

Erfahrungsbereich	TA/Skizze
Natur als Künstlerin / Veränderung	*Septembermorgen*
Thema	Querformat
Septembermorgen	
Arbeitsbereich	ca. 15cm 10cm 15cm
Malen mit Wasserfarben - deckend und lasierend - Computergrafik	✎: Zeichne mit Bleistift links und rechts das gleiche Motiv auf. Drücke nur leicht auf. Achte darauf, dass dein Bild einen Baum und große Blumen enthält.
Arbeitsmittel	
Bleistift, Wasserfarben, Computer bzw. evtl. Feder	rechtes Bild: Male zuerst mit hellen Farben den Hintergrund. Male dann mit leuchtenden Farben sauber aus.
Querverbindungen	linkes Bild: Verwende die gleichen Farben wie rechts unter Beimischung von sehr viel Wasser und etwas Schwarz, lass die Farben leicht verlaufen.
Dt./Gedicht: Septembermorgen Dt./Schönschrift	

Das Bild am Morgen und am Mittag
(2 UZE)

Textbegegnung mit dem Gedicht von Eduard Mörike:
        „Septembermorgen"
Gespräch: Wie verändert sich die Umgebung bei Nebel? Welche Stimmung vermittelt er?
        Wie verändert die Sonne (das Fallen des Nebels) das Bild und die Stimmung?

Vorgehen:
- DIN-A4 Zeichenblatt im Querformat
- durch Knicken wird das Blatt dreigeteilt, wobei das linke und rechte Drittel etwa 15 cm breit
  sein sollten, etwa 10 cm verbleiben für das mittlere Drittel.
- mit Bleistift wird links und rechts leicht das gleiche Motiv skizziert, mit der Vorgabe, dass
  ein Baum und große, leuchtende Blumen (z.B. eine Sonnenblume) enthalten sind;
- Ausmalen des rechten Drittels mit Wasserfarben deckend,
  darauf achten, dass die Kinder mit dem Hintergrund beginnen und erst dann Bäume, Blumen,
  usw. in leuchtenden, warmen Farben sauber bemalen,
- trocknen lassen;
- Ausmalen des linken Drittels mit Wasserfarben lasierend,
  links werden die gleichen Farben wie rechts verwendet, nur sehr verdünnt und mit einer Spur
  Schwarz vermischt; außerdem sind die Ränder fließend;

TA/Skizze

Septembermorgen
v. Eduard Mörike

Septembermorgen
v. Eduard Mörike

Septembermorgen
v. Eduard Mörike

Septembermorgen
v. Eduard Mörike

Septembermorgen
v. Eduard Mörike

Septembermorgen
v. Eduard Mörike

Septembermorgen
v. Eduard Mörike

Im Nebel ruhet noch die Welt,
Noch träumen Wald und Wiesen:
Bald siehst du , wenn der Schleier fällt,
Den blauen Himmel unverstellt,
Herbstkräftig die gedämpfte Welt
In warmem Golde fließen.

Der Gedichttext -
Computergrafik oder
Schreiben mit Feder und schwarzer Tinte oder Tusche
(1 UZE)

Schreiben des Textes auf dem Computer
Erproben verschiedener Schrifttypen, dabei darauf achten, dass
- der vorhandene Platz in der Breite nicht überschritten wird (ca. 10 cm)
- die Schrift zentriert wird
- der Zeilenumbruch des Gedichts beachtet wird;
Ausdrucken, ausschneiden und aufkleben des Gedichts

bzw.

Schreibversuche mit Feder und Tusche auf einem Experimentierblatt,
sauberes Schreiben auf ein liniertes Blatt (Vorsicht: Breite des vorhandenen Platzes beachten)
bzw. mit Bleistift auf das Zeichenblatt ganz leicht Zeilen ziehen und diese beschriften.

Erfahrungsbereich	TA/Skizze
Menschen als Gestalter/ Besond. Bauwerke der Umgeb.	
Thema	***Ein verzerrtes Bauwerk***
Ein verzerrtes Bauwerk	**So gehst du vor:**
Arbeitsbereich	☞: Ziehe parallele Linien im Abstand von 1 cm über deine Bilder (Quer - oder Längsstreifen)
Collage mit farbigen Papieren	
Arbeitsmittel	
Zwei gleiche Bilder von beson- deren Bauwerken (im Wohnort), Bleistift, langes Lineal, Schere, Kleber, Zeichenpapier	✂: Zerschneide deine Bilder entlang der Linien. ☞: Nummeriere die Streifen auf der Rückseite. Klebe nun jeden Streifen doppelt auf das Zeichenpapier, halte die Reihenfolge der Streifen bei.
Querverbindungen	
HSU: Ortsgeschichte	

Ein verzerrtes Bauwerk
(2 UZE)

ohne Betrachtung bzw. Besichtigung

Betrachtung / Besichtigung:

Betrachten von Bildern oder Photographien von örtlichen Bauwerken,
bzw. Besichtigung vor Ort: z.B. alte Herrenhäuser
mögliche Gesichtspunkte:
    Fenster- und Türgestaltung
        Einfach-, Doppel-, Kasten-, Verbundfenster; Fensterrosen
        Flügeltüren, Pendeltüren, Türschlösser, Beschläge usw.
    Dachformen, Giebelformen (Satteldach, Flachdach, Walmdach, Mansardendach,
        Zeltdach, Kegeldach, Kuppeldach)
    Dachdeckung
        (Mönchdach, Pfannendach, Krempziegeldach, Kronendach, Biberschwänze)
    Turmformen (Glockenturm, Zwiebelturm, Pyramidenturm) , Säulen
    Fassadengestaltung, -schmuck

Zielangabe:
Wir stellen ein Zerrbild eines Gebäudes dar.

Beschaffung des Materials:

Je nach den örtlichen Gegebenheiten besorgt der Lehrer Bilder von örtlichen Bauwerken (erhältlich in Gemeinde- bzw. Stadtverwaltung, Tourismusbüro, Verkehrsamt o.ä.) bzw.
beschaffen sich die Schüler Prospektmaterial aus Reisebüros oder Reisekataloge, worin Bilder von besonderen Bauwerken zu finden sind.
Jeder Schüler braucht zwei identische Bilder ein und desselben Bauwerks.

Betrachtung:

Je nach der vorausgegangenen Arbeit werden die Bauwerke betrachtet und ihre architektonischen Besonderheiten hervorgehoben.

Gestaltung:

Auf beiden Bildern werden mit Bleistift (evtl. auch weißem Holzfarbstift bei recht bunten Abbildungen) jeweils im Abstand von 1 cm parallel verlaufende Linien gezogen. Diese Linien können entweder senkrecht oder waagrecht gezogen werden, aber auf beiden Bildern gleich.
Anschließend werden die Bilder entlang dieser Linien zerschnitten. Damit man bei der nachfolgenden Arbeit nicht durcheinander kommt, empfiehlt es sich die Streifen auf der Rückseite der Reihenfolge nach durchzunummerieren.
Nun werden die Streifen auf Zeichenpapier geklebt: zuerst der erste Streifen von Bild 1, dann der erste Streifen von Bild 2, es folgen jeweils die zweiten Streifen usw.
So erhält man eine in Breite oder Höhe verzerrte Abbildung des ausgewählten Motivs.

Reflexion:

Betrachtung der verzerrten Abbildungen und Besprechung der jeweiligen Wirkung auf den Betrachter.

Erfahrungsbereich	TA/Skizze
Menschen als Gestalter/ Besond. Bauwerke der Umgeb.	
Thema	
Wir bauen ein Iglu	
Arbeitsbereich	
Bauen mit plastischen Massen: Schnee	
Arbeitsmittel	
Schneeschaufeln	
Querverbindungen	
HSU/Dt: Lebensweise der Eskimos	

Wir bauen ein Iglu

Winterwohnung bei Zentral- und Labrador-Eskimos,
sonst Jagd- und Reiseunterkunft

Wir bauen ein Iglu
(2 UZE)
(Bauzeit)

<u>Betrachtung / Besichtigung:</u>

Sprechen über Lebensweise, Aussehen, Bekleidung der Inuiten
(evtl. mit Bildern, Dias, Kurzfilmen, Geschichten o.ä.)
Behausung der Eskimos: Betrachten von Bildern von Schneehäusern der Inuiten

<u>Zielangabe:</u>

Wir bauen ein Iglu.
(Gruppenarbeit)

Kurz-Info: Eskimo

Eskimo (indian. „Rohfleischesser")
eigener Name: Inuit („Menschen"),

Polarvolk von der asiat.
Tschuktschenhalbinsel über Alaska entlang
der kanad. Eismeerküste bis nach Grönland;

Mehrzahl der Eskimos lebt heute noch von
Fischerei und Jagd, bedient sich aber mo-
derner Hilfsmittel wie Gewehr statt Pfeil
und Bogen oder Booten mit Außenbordmo-
toren statt Kajaks usw.;

als Wohnung dienten Lederzelte im Sommer, Erd- oder Schneehäuser im Winter,
heute vermehrt größere feste Siedlungen.

Vorgehensweise:

- Formen von quaderförmigen Blöcken
- kreisförmige Anordnung der Blöcke (Eingang frei halten)
- Aufeinandersetzen der Blöcke, so dass sich das Iglu zu einer halbkugeligen Form
  nach oben schließt
- evtl. Vordach beim Eingang anbringen
- Lücken mit Schnee auffüllen
  und glatt verstreichen
- evtl. Verzierung anbringen

Reflexion:

Betrachten der fertigen Iglus,

kurzzeitiges Probewohnen:
        Erwärmung der Iglus mit Tranlampen
        Trinken warmen Tees

Richtfest bei unserem Iglu

Erfahrungsbereich	TA/Skizze
Menschen als Gestalter/ Besond. Bauwerke der Umgeb.	**_Wir bauen eine Ritterburg_**

Thema

Wir bauen eine Ritterburg

Arbeitsbereich

Bauen mit Abfallmaterialien
Verbindungstechniken: Kleben
und Leimen

Arbeitsmittel

Kartons, Papprollen von Aluminiumpapier, leere Getränkedosen, Dosen von Kaffee oder
Kakao, Kartonpapier, Kleber,
Schere, Wasserfarben

Querverbindungen

HSU: Ortsgeschichte

Wir bauen eine Ritterburg

So gehst du vor:

☞: Beste Anordnung erproben

☞: Zinnen für die dicken Türme und eckigen
    Gebäudeteile aus grauem Tonpapier fertigen.

2 cm
Länge entspricht Umfang des Turms

☞: Fertige Dächer für die schlanken Türme.

○ 3-5 cm   ⊝ einschneiden

△ Tüte drehen   aufkleben

☞: Anmalen in Grau oder Ocker
    evtl. Fenster und Türen aufmalen

☞: auf Tonpapier kleben

Wir bauen eine Ritterburg
(2-3 UZE)
(Gestaltung)

<u>Betrachtung / Besichtigung:</u>
Betrachten von Bildern oder Photographien von Burgen,
Besichtigung einer ortsnahen Burg: Türme, Tore usw.

<u>Zielangabe:</u>
Wir bauen eine Burg aus Abfallmaterialien
(gut geeignet für Partner- oder Gruppenarbeit)

<u>Beschaffung des Materials:</u>
Die Schüler hatten den Auftrag folgendes Abfallmaterial zu besorgen:
- Kartons, z.B. Schuhkartons für die eckigen Gebäudeteile
- Pappröhren, z.B. von Aluminiumpapier, Geschenkpapier, evtl. auch Klopapier
- Dosen verschiedener Größen, z.B. Getränkedosen, Kaffeedosen o.ä.
Außerdem benötigen sie
- festes Kartonpapier als Unterlage (am besten DIN A2)
- Tonpapier für die Turmdächer, Zinnen u.ä.
- guten Bastelkleber, Schere und schließlich Wasserfarben und Pinsel

Vorgehen:

Anordnungsversuche:

Anordnung der mitgebrachten Teile auf der Kartonunterlage zu einer Burg mit eckigen Gebäudeteilen, hohen, schlanken Wachtürmen und dicken, großen Türmen. Mehrmaliges Ausprobieren durch Umstellen, bis man mit dem Versuch zufrieden ist.

Verzierung der Türme und Gebäude:

- Für die dicken Türme und die eckigen Gebäude schneiden wir einen etwa 2 cm dicken Streifen aus weißem (grauen) Tonpapier, dessen Länge dem Turmumfang bzw. Gebäudeumfang entspricht. Diesen Streifen zacken wir am oberen Ende in regelmäßigen Abständen ein (s.TA). Anschließend kleben wir den Streifen mit den Zacken nach oben um den Turm.

- Für die hohen, schlanken Türme zeichnen wir auf das rote Tonpapier Kreise im Radius 3 bis 5 cm (je nach Turmdicke) und schneiden sie aus. Jeden Kreis schneiden wir an einer Stelle bis zum Mittelpunkt ein und drehen die Scheibe anschließend zu einer Tüte, so dass sie genau als Dach auf den Turm passt. Die Seitenränder der Tüte werden fest zusammengeklebt. Nun wird die fertige Tüte mit gut klebendem Klebstoff auf den Turm geklebt (vergl. TA).

Bemalung der Gebäudeteile in Grau, Ocker oder Braun.

Dabei kann direkt auf der Gebäudefläche gemischt werden, denn durch die so entstehende unregelmäßige, fleckige Malweise entsteht der Eindruck von altem Mauerwerk.
Aufmalen von Fenstern und Türen möglich.

Aufkleben der Gebäudeteile in der anfangs erprobten Anordnung.

Besprechung / Reflexion:

Betrachtung der fertigen Bauwerke, Hervorhebung besonders gelungener Stellen

entnommen aus: Malen und Basteln, Plaka-Buch

Erfahrungsbereich	TA/Skizze
Menschen als Gestalter/ Besond. Bauwerke der Umgeb.	**_Wir (malen) bauen eine Stadtkulisse_**
Thema	**So gehst du vor:**
Wir malen / bauen eine Stadt-kulisse	☞: Zeichne den Umriss deines Gebäudes auf die Sperrholzplatte.
Arbeitsbereich	
Grafisches Gestalten bzw. Bauen mit Holz	
Arbeitsmittel	☞: Säge aus.
Zeichenpapier, Blei- und Bunt-stifte bzw. Sperrholzplatten, Säge, Tempe-rafarben, Vierkanthölzer, Holz-leim	☞: Bemale die Fassade einfarbig.
Querverbindungen	☞: Zeichne die Einzelheiten nach dem Trocknen auf.
Darstellende Spielformen	Klebe die Vierkanthölzer auf der Rückseite an die untere Kante.

Wir (malen) bauen eine Stadtkulisse
(4-6 UZE)
je nach Ausgestaltung
Gemeinschaftsarbeit

Betrachtung / Besichtigung:

Betrachten von Bildern oder Photographien von (örtlichen) Bauwerken (Postkarten, Prospekt-material) und ihrer architektonischen Besonderheiten.

Zielangabe:

Wir bauen eine Stadtkulisse (z.B. für ein Theaterstück).

Gestaltung:

Die Umrisse verschiedener Bauwerke werden in vereinfachter Form auf dünne Sperrholzplatten aufgezeichnet.

Anschließend werden die Häuser ausgesägt.

Mit hellen Temperafarben werden die Häuser in einer Farbe angestrichen.

Nach dem Trocknen werden zunächst mit Bleistift Fenster, Türen, Giebel und sonstige Verzierungen aufgezeichnet und anschließend bemalt.

Feine Details können mit Filzstift oder schwarzem Markierstift angebracht werden.

Nach der Fertigstellung werden an die unteren Kanten der Häuserfassaden mit Holzleim Vierkanthölzer geleimt. Nun können die Häuser kulissenartig aufgestellt werden.

Bei der Verwendung im darstellenden Spiel können zusätzlich trockene Äste in geeigneter Größe zwischen oder vor die Häuser gestellt werden.

Variante:

Wenn die Sägearbeit zu aufwendig ist, kann die Häuserkulisse auch mit Bleistift und Buntstiften auf Zeichenpapier gemalt werden.

Erfahrungsbereich	TA/Skizze
Meine Mitmenschen und ich Wir in der Gruppe	***Zu Großvaters Zeiten***
Thema	**Herstellung des Teepapiers**
Zu Großvaters Zeiten	Du brauchst:
Arbeitsbereich	
Farbiges Gestalten: Malen mit Brauntönen auf Tee- papier	einen großen Behälter — Zeitungen
Arbeitsmittel	Schwarztee mit Teeblättern — Zeichen-papier DIN A4
Zeichenpapier (DIN A4), Was- serfarben, Deckweiß, Schüssel, Schwarztee, Zeitungspapier; für den Rahmen: Karton, Klein- teile, Kleber, Goldspray	So gehst du vor:
Querverbindungen	☞Zeichenpapier in Tee einweichen ☞zum Trocknen zwischen Zeitungspapier legen
HSU: Zeit und Geschichte	

Zu Großvaters Zeiten
(dreimal 1 UZE)

Einstieg:
Betrachtung alter Fotos
Feststellung: Bilder sind vergilbt, evtl. auch fleckig, alles auf dem Bild wirkt braun
Betrachtung der alten Kleidung und Uniformen, der Kopfbedeckungen, der Brillen und Schmuckstücke, der Frisuren ...

Zielangabe:
Wir malen Uroma und Uropa.

1. UZE: Herstellung des Teepapiers:

- Schwarztee-Blätter in eine Schüssel geben und mit kochendem Wasser übergießen, ziehen lassen;
- Zeichenpapier eine Weile darin einweichen;
- zum Trocknen wird das Papier zwischen alte Zeitungen gelegt.

Es entsteht braunes, fleckiges und somit alt wirkendes Papier.

TA/Skizze

Zu Großvaters Zeiten

Mischen von Brauntönen

Brauntöne in deinem Malkasten:

Ockergelb	=	gelbbraun
Gebrannte Siena	=	rotbraun

gemacht aus Erde, die es bei Siena in Italien gibt

Umbra	=	„schmutziges" Braun

Braun kannst du auch mischen:

Rot + Blau + Gelb	=	Braun
Ocker + Umbra	=	„Lebkuchen-Braun"
Umbra + Deckweiß	=	„Milchkaffee-Braun"

Probiere selbst aus!!!

2. UZE: Mischen und Malen von und mit Brauntönen:

Damit das Bild richtig alt wirkt, wird nur in Brauntönen gemalt.
Die Schüler betrachten die Brauntöne im Malkasten und versuchen dann, mit den vorhandenen Farben weitere Brauntöne herzustellen. Nach der experimentellen Phase erfolgt ein kurzes Unterrichtsgespräch über gelungene Mischungen mit Fixierung an der Tafel.
Anschließend malen die Schüler Urgroßvater und Urgroßmutter auf das Teepapier unter Berücksichtigung alter Kleidung, Kopfbedeckungen bzw. Frisuren.

3. UZE: Gestaltung des Rahmens:

Material:
Karton (DIN A3, etwas größer als das Teepapier-Blatt),
Kleinteile, wie z.B. Nudeln, Streichhölzer, halbe Wattestäbchen, Eichelkäppchen,
Sonnenblumenkerne o.ä.
(möglichst viele von einer Sorte)
Kleber
Goldspray

Vorgehensweise:
Kleinteile als Rahmen auf die äußeren Ränder des Kartons kleben,
anschließend mit Goldspray vergolden (Vorsicht: Malerkittel!);
zum Schluss gemaltes Bild zu Großvaters Zeiten in die Mitte des Rahmens kleben.

Reflexion und Produktbesprechung

Erfahrungsbereich	TA/Skizze
Meine Mitmenschen und ich Wir in der Gruppe	***Rugby-Spiel mit zwei Mannschaften***
Thema	
Zwei Rugby-Mannschaften	***Schablonendruck***
Arbeitsbereich	
Grafisches Gestalten: Pappteiledruck	Haltestab X X X X X X X ca.12 cm
Arbeitsmittel	
Pappe; Schere, Kleber Wasserfarben	
Querverbindungen	
HSU: Zusammenleben in der Gemeinschaft	

Rugby
(2 UZE)

Einstieg:
kurzer Videoausschnitt eines Rugby-Spiels
Zusammentragen von Vorwissen der Schüler über die Art Rugby zu spielen

Zielangabe: Zwei Mannschaften spielen Rugby - Pappteiledruck

Herstellen der Pappschablone:
- Betrachten eines Körpers in Bewegung
  (Schüler nehmen eine entsprechende Haltung ein)
- Benennen der Gelenkstellen,
  Besprechen von Schulter-, Knie-, Ellenbogen- und Fußbereich
- unter Beachtung des Besprochenen möglichst einfache Silhouette auf Experimentierpapier
  aufzeichnen (ohne Haare, ohne Finger ...), Größe ca.12 cm
- zweimal auf Pappe übertragen und ausschneiden
- aus einem Papperest zwei etwa 3 cm lange, 1 cm breite Streifen schneiden,
  in der Mitte knicken und eine Hälfte auf der Schablone als Haltestab festkleben,
  bei der einen Schablone auf dem „Rücken", bei der anderen Schablone auf dem „Bauch".

TA/Skizze

Pappteiledruck

- Farbe dick auftragen,
  aber wenig Wasser verwenden

- mehrmaliger Abdruck einer einmal eingefärbten
  Schablone

- aneinander drucken und übereinander drucken

- Abdruck auch in Schieflage

Abdruck der Schablone:
- Schablone mit viel Farbe unter Verwendung von wenig Wasser einstreichen;
- Probedrucke auf Experimentierpapier um richtigen Farbauftrag herauszufinden,
  so dass es einen möglichst sauberen Druck gibt;
- Erkenntnis, dass ein zweiter Abdruck einer einmal eingefärbten Schablone den Eindruck einer
  weiter entfernten Person vermittelt und somit für den Hintergrund geeignet ist;
- auf dem Zeichenblatt Ball in die Mitte malen;
- die zwei Schablonen mit zwei verschiedenen Farben einfärben (zwei Mannschaften) und
  abdrucken;
- Schablonen aneinander und übereinander drucken,
  beim Abdruck auch einmal Schieflage verwenden.

Reflexion, Produktbesprechung:
Gelungenheit der Bewegungsdarstellung, Sauberkeit des Drucks bzw. zweiten Abdrucks,
Anordnung der Spieler

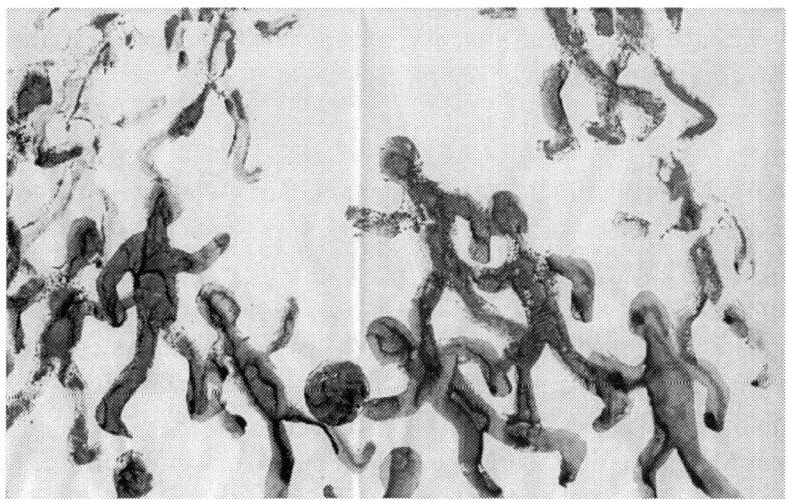

Erfahrungsbereich	TA/Skizze
Meine Mitmenschen und ich Wir in der Gruppe	***Der Nussknacker*** ***Schattenspiel mit Personen***
Thema	
Der Nussknacker	
Arbeitsbereich	
Schattenspiel mit Personen	
Arbeitsmittel	
Kleidung und Utensilien (vergl. Anm. zu den einzelnen Szenen), Schattenbühne (Leinwand, OHP)	
Querverbindungen	
Musik: Der Nussknacker v. P. Tschaikowsky Sport: Gymnastik und Tanz	

Der Nussknacker
Schattenspiel mit Personen
(mehrere UZE, s.u., fächerübergreifend)

Einstieg
Anhören des musikalischen Märchens „Der Nussknacker" v. P. Taschaikowsky (Musik)

Zielangabe: Wir wollen dieses Märchen als Schattenspiel spielen
(Anm.: Der Zeitbedarf hängt davon ab, mit welcher Perfektion man das Schattenspiel betreiben will und ob eine Aufführung geplant ist oder nicht.)

Vorarbeit:
Aufbau der Schattenbühne, Bereitstellung der benötigten Gegenstände

Erarbeitung im Klassengespräch:
Gemeinsam überlegen sich die Schüler für jede Szene, welche Kleidungsstücke und Utensilien notwendig sind, und probieren ihre Wirkung aus. Die Kinder stellen fest, dass Farben keine Rolle spielen, da im Schatten alles gleichermaßen schwarz ist. Eine wesentliche Wirkung kann jedoch von Spitzen, Schleiern, Rüschen u.ä. ausgehen.
Passend zur Musik werden Schritte und Bewegungen ausprobiert, begutachtet, verbessert und einstudiert. Für scharfe Schatten müssen sich die Spieler ganz nah an der Leinwand bewegen.

1. Szene
<u>Personen:</u> Klara
<u>Kleidung / Utensilien:</u> Christbaum, Geschenke, Nussknackerfigur
<u>Spiel:</u> Klara spielt mit ihren Geschenken, vor allem mit dem Nussknacker.

2. Szene
<u>Personen:</u> Nussknacker, Soldaten, Mäuse, Klara
<u>Kleidung / Utensilien:</u> Schwerter für die Soldaten, eventuell Helme,
Mäuseohren und Mäuseschwänze
<u>Spiel:</u> Nussknacker steht steif, Soldaten vertreiben Mäuse mit ihren Schwertern, Klara hilft ihnen dabei.

3. Szene
<u>Personen:</u> Nussknacker, Klara, Soldaten
<u>Kleidung / Utensilien:</u> w.o.,
<u>Spiel:</u> Nussknacker führt Klara mit seiner Eskorte in das Reich der Zuckerfee.
Brigademarsch: Soldaten marschieren, Klara trippelt, Nussknacker geht ganz steif.

4. Szene
<u>Personen:</u> Nussknacker, Zuckerfee, Klara
<u>Kleidung / Utensilien:</u> Umhang für den Prinzen, evtl. Prinzenkrone,
Schleier und festliches Kleid für Zuckerfee, Zauberstab
<u>Spiel:</u> Nussknacker verwandelt sich in einen Prinzen.

5. Szene
<u>Personen:</u> Kosaken, seitlich Nussknacker, Zuckerfee, Klara
<u>Kleidung / Utensilien:</u> Pelzmützen und hohe Stiefel für die Kosaken
<u>Spiel:</u> Meterhoch springen die Kosaken im Spreizschritt in die Luft.

6. Szene
<u>Personen:</u> arabische Diener, seitlich Nussknacker, Zuckerfee, Klara
<u>Kleidung / Utensilien:</u> Lange Ararbergewänder, Turbane aus Handtüchern
<u>Spiel:</u> Tanzende Arbaber bieten köstlichen Kaffee an, Nussknacker und Zuckerfee halten ihre Tassen hin, die Diener schenken pantomimisch Kaffee ein, Nussknacker und Fee trinken.

7. Szene
<u>Personen:</u> Chinesen, seitlich Nussknacker, Zuckerfee, Klara
<u>Kleidung / Utensilien:</u> seidene Kimonos, Chinesenhüte
<u>Spiel:</u> Chinesen trippeln mit kurzen, eleganten Schritten über den Boden und servieren Tee.

8. Szene
<u>Personen:</u> Rohrflöten, werden von Zuckerfee verwandelt, seitlich Nussknacker, Klara
<u>Kleidung / Utensilien:</u> Rohrflöten eng gekleidet
<u>Spiel:</u> Verschiedene „Zuckerstangen" werden von der Zuckerfee mit dem Zauberstab berührt und verwandeln sich in tanzende Rohrflöten; manche, plump und dick, tanzen schwer über den Boden, andere, dünn und zierlich, tanzen elegant.

9. Szene
<u>Personen:</u> alle
<u>Kleidung / Utensilien:</u> vergl. oben
<u>Spiel:</u> Prinzenpaar tanzt Blumenwalzer, anschließend tanzen auch alle anderen Anwesenden einen Reigen.

10. Szene
<u>Personen:</u> Klara erwacht
<u>Kleidung / Utensilien:</u> Decke, Geschenke, Nussknackerfigur
<u>Spiel:</u> Klara erwacht und spielt wieder mit ihrem Nussknacker.

evtl. **Aufführung des Stücks vor Mitschülern und Eltern**

Erfahrungsbereich	TA/Skizze
Meine Mitmenschen und ich Wir in der Gruppe	***Black Stage***
Thema	***Schwarzlichttheater***
Black Stage	
Arbeitsbereich	
Schwarzlichttheater	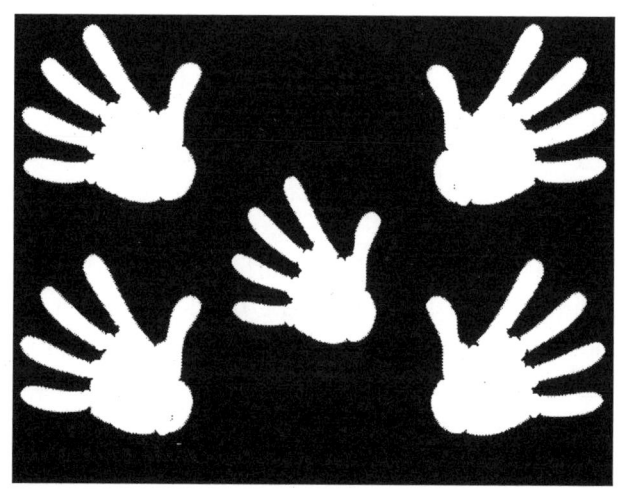
Arbeitsmittel	
schwarzer Verdunkelungsstoff, Schwarzlichtröhre, weiße bzw. fluoreszierende Materialien	
Querverbindungen	
Musik / Sport: Gymnastik und Tanz, rhythm. Beweg. zur Musik	

Black Stage
Schwarzlichttheater
(mehrere UZE)

Einstieg:
Was ist Schwarzlicht-Theater? Erklärung, evtl. mit Herzeigen von Bildern, Fotos

Zielangabe: Wir spielen Schwarzlichttheater.
(Anm.: Der Zeitbedarf hängt davon ab, mit welcher Perfektion man das Schwarzlichttheater betreiben will und ob eine Aufführung geplant ist oder nicht.)

Vorbereitung:
Man benötigt einen völlig abgedunkelten Raum, d.h. die Fenster müssen mit schwarzem Tonpapier beklebt oder mit absolut lichtundurchlässigen Vorhängen verhängt werden. Es empfiehlt sich auch den Bühnenraum schwarz auszukleiden (z.B. Decke, Rückwand, Seiten).
Außerdem benötigt man ein bis zwei Schwarzlichtröhren (ca. halbe Bühnenlänge).
Wirkung:
Alles Schwarze bleibt unsichtbar, alles Weiße bzw. fluoreszierende Farben sind sichtbar.
Sollen die Schauspieler also nicht sichtbar sein, müssen sie völlig schwarz gekleidet sein und auch schwarze Tücher (mit Augenschlitzen) über dem Kopf haben.
Anm.: Die schwarzen Kleidungsstücke unbedingt im Schwarzlicht testen, da manche Schwarztöne grau erscheinen bzw. voll Fusel sind, die im normalen Licht kaum wahrgenommen werden.

Erarbeitung:

Am besten lässt man die Schüler spontan und aktionsbetont mit den verschiedensten Materialien experimentieren und ihre eigenen Ideen entwickeln. Die oft verblüffenden Licht- und Leuchtfarbeneffekte regen die Phantasie der Kinder enorm an und lassen sie schnell ein ganzes Programm an Aktionsnummern entwickeln.

Auch für die musikalische Untermalung entwickeln die Kinder schnell ein fantastisches Gespür.

Die folgenden Hinweise sind deshalb unbedingt nur als Anregung zu verstehen.

Anregungen:

Tanzende Hände
Akteure: völlig schwarz bekleidet, nur an den Händen weiße Handschuhe
Requisiten: weiße Handschuhe
Spiel: passend zur Musik tanzen die Hände im Bühnenraum

Die Spirale
Akteure: völlig schwarz bekleidet
Requisiten: Fluoreszierende Jongliertücher
Spiel: die Akteure haben die Tücher in den Händen und bewegen sie passend zur Musik, z.B. kreisende, spiralenförmige Bewegungen, Bewegung in Form einer Acht, Hochwerfen der Tücher usw.

Tanzende Reifen
Akteure: völlig schwarz bekleidet
Requisiten: Gymnastikreifen mit fluoreszierender Farbe bestrichen
Spiel: passend zur Musik bewegen die Akteure die Reifen, z.B. vor dem Körper / seitlich des Körpers hin- und herschwingen, eine Acht zeichnen usw.

Jongleure
Akteure: völlig schwarz bekleidet
Requisiten: weiße oder fluoreszierende Jongliertücher oder -bälle
Spiel: mehrere Akteure stehen dicht neben- oder hintereinander, jeder jongliert mit nur zwei Gegenständen; bei geschickter Anordnung und Absprache sieht der Zuschauer z.B. sechs von Geisterhand bewegte Jonglierbälle durch die Luft fliegen.

Seiltänzerin
Akteure: zwei völlig schwarz bekleidete Seilhalter,
Seiltänzerin(nen) mit weißen Strümpfen, Röckchen, Bluse und Haarreif in im Schwarzlicht leuchtenden Farben,
Requisiten: weißes Seil, weißer Stab, mit schwarzen Tüchern verhängte Schultische
Spiel: die mit schwarzen Tüchern verhängten Bänke werden in einer Reihe angeordnet und dienen als Laufsteg; an beiden Enden des Stegs sitzen zwei unsichtbare Seilhalter, die das weiße Seil gespannt etwa 5 cm über die Tische halten; die Seiltänzerinnen können nun elegant auf dem Seil balanzieren und ihre Kunststücke vorzeigen

Erfahrungsbereich	TA/Skizze
Meine Mitmenschen und ich Wir in der Gruppe	*Unsere Märchenlesenacht* *Gemeinschaftsarbeit*
Thema	
Unser Märchenlesenacht	
Arbeitsbereich	
Farbiges Gestalten Gemeinschaftsarbeit	
Arbeitsmittel	
großes Papier (ca. 2m x 2m), Wasserfarben, dicke Pinsel, Tafelkreide, Zucker, schwarzes Tonpapier (DIN A4), evtl. Haar- spray	
Querverbindungen	
HSU: Zusammenleben in der Gemeinschaft Dt./ Lesen von Märchen	

Unsere Märchenlesenacht
Gemeinschaftsarbeit
(ca. 2 UZE)
kombiniert mit
Zauberblumenwiese

Anlass:

Märchenlesenacht

Zielangabe:

Zur Erinnerung an unsere Märchenlesenacht wollen wir gemeinsam ein großes Bild zu einem Märchen malen.

Klassengespräch zum Vorhaben:

Welches Märchen eignet sich gut?
Schüler machen Vorschläge, begründen ihren Vorschlag, die ganze Klasse stimmt darüber ab, die Mehrheit entscheidet.
Bsp. hier: „Die Bremer Stadtmusikanten"

TA/Skizze

Zauberblumenwiese

Vorbereitung des Materials:
Tafelkreide in Zuckerwasser (zwei Esslöffel Zucker auf einen Viertelliter Wasser) einlegen, bis sie voll gesogen ist.

Gestaltung:
Mit der voll gesogenen Zuckerkreide werden Blumen auf schwarzes Tonpapier gemalt. Der Zucker erhöht die Farbintensität und Haftung der Kreide.
Zur besseren Haltbarkeit kann das Papier nach dem Trocknen mit Haarlack besprüht werden.

Vorzeichnen des Motivs:

Die Lehrkraft oder gut zeichnende Schüler zeichnen das Motiv auf einer großen Plakatwand vor.

Ausarbeitung:

Mit der Gestaltung des Hintergrundes wird begonnen, dabei arbeiten sich die Schüler von der Mitte nach außen.
Wenn der Hintergrund gut getrocknet ist, werden die Märchenfiguren bemalt. Immer zwei bis drei Schüler können an einer Figur malen.
Bei recht großen Klassen könnte man entweder zwei oder drei solcher Plakate (mit verschiedenen Motiven) malen oder es malt nur etwa die Hälfte der Klasse am Plakat, die andere Hälfte malt am Platz (s.o. „Zauberblumenwiese"), nach einiger Zeit wird gewechselt.

Reflexion:
Betrachtung des fertigen Produkts, alle Künstler unterschreiben,
Aufhängen des Plakats im Gang zum Klassenzimmer

Erfahrungsbereich	TA/Skizze
Bilderwelt der Medien Bilder in der Werbung	
Thema	
Wie Coca-Cola seine Kunden wirbt.	*Wie Coca-Cola seine Kunden wirbt.*
Arbeitsbereich	
Betrachten von Bildwerbung Feststellen der Wirkung	
Arbeitsmittel	
verschiedene Coca-Cola Bild- werbungen aus Zeitschriften	
Querverbindungen	
Dt. / mdl. Sprachgebrauch	

Wie Coca-Cola seine Kunden wirbt.
(1 UZE)

Vorbereitende Hausaufgabe:
Schüler/Lehrer sammeln verschiedene Coca-Cola Bildwerbungen aus Zeitschriften.

Zielangabe:
Wie Werbung Coca-Cola bekannt macht.

Kurze Information zur Entstehung von Coca-Cola:
Der Erfinder von Coca-Cola ist John Styth Pemberton. Er lebte von 1833 bis 1888 in Knoxville, Georgia (USA). Er war Arzt und Apotheker, entwickelte und produzierte selbst Arzneien. In seiner Suche nach einem Kopfschmerzmittel, das wirkte und wohlschmeckend war, entwickelte er die Formel für Coca-Cola.
Als er merkte, dass seine „Arznei" mit Wasser verdünnt sehr erfrischend war, kam er auf die Idee seine Medizin zu einer Limonade zu machen. Am 8.5.1886 wurde das Getränk zum ersten Mal in einem Laden mit einer „Soda-Fontäne" ausgegeben.

TA/Skizze	

Betrachtung der mitgebrachten Bildwerbungen:
Sitzkreis - die Schüler bereiten das mitgebrachte Bildmaterial auf dem Boden aus

Beurteilen, wie die Werbeabsicht erreicht wird:
Je nach Bildmaterial könnten die Schüler folgende Feststellungen treffen:
- Coca-Cola ist ein einfacher, wohl klingender Name, den man sich gut merken kann.
- Der Schriftzug ist immer gleich und einprägsam (auch in anderen Ländern).
- Ein freundliches Lächeln der abgebildeten Personen spricht an.
- „Sold everywhere" - Coca-Cola wird überall verkauft, ist immer verfügbar.
- Coca-Cola gehört zum täglichen Leben.
- Lachende Menschen - Coca-Cola macht jedes Erlebnis noch schöner.
- Junge, gut aussehende Menschen - Coca-Cola wird mit Jugend und Schönheit verbunden.
- Musik hörende junge Menschen - Coca-Cola macht Spaß und trägt zu Geselligkeit bei.
- Sportler - Coca-Cola, das richtige Getränk für aktive, Sport treibende Menschen
           Coca-Cola löscht den Durst
- Modisch gekleidete Leute - Coca-Cola geht mit der Mode.
- Schulhof, Schüler machen Brotzeit - Pause mit Coca-Cola ein angenehmes Gefühl.
- Sommer, Sonne, Strand - Coca-Cola ist immer dabei.
- Zufriedene Gesichter signalisieren die Botschaft „köstlich und erfrischend"
- Coca-Cola bietet ein Produkt für jeden Geschmack (z.B. Coca-Cola- light)
- Dosen sind leicht zu transportieren - Coca-Cola ist praktisch.

Fazit:
Mit dem angepriesenen Produkt werden angenehme Gefühle, Wünsche, gute Stimmung, positive
Erwartungen oder Bedürfnisse verknüpft und somit wird das Verlangen danach gesteigert.

Erfahrungsbereich	TA/Skizze
Bilderwelt der Medien Bilder in der Werbung	*Zahnpasta-Werbung* *(2 UZE)*
Thema	
Wir gestalten eine Zahnpasta-Werbung	
Arbeitsbereich	
Farbiges Gestalten: Malen und Collagieren	*Eine auffällige Gestaltung steigert* *die Wahrnehmung.*
Arbeitsmittel	Beeinflussende Faktoren:
Bilder aus Zeitschriften, Kleber, Schere, Malkasten, Pinsel oder Wachskreiden, Filzstifte	☺ Figur und Hintergrund ☺ Formen ☺ Farben ☺ Platzierung
Querverbindungen	
Dt. / Lesen: Gedicht „Reklame"	

Zahnpasta-Werbung
(2 UZE)

Einstimmung:

Gedicht: Reklame
Gespräch über die Wirkung von Reklame
z.B. durch den Kauf erwirbt man Glück, Spaß am Leben, Prestige, Freundschaft, Erfolg

Vorbereitende Hausaufgabe:

Schüler/Lehrer sammeln verschiedene Zahnpasta-Bildwerbungen aus Zeitschriften

Zielangabe:

Wir wollen heute selbst eine Zahnpasta-Werbung gestalten.

Betrachtung der mitgebrachten Bildwerbungen / Herausarbeiten der beeinflussenden Faktoren

☺ Figur und Hintergrund

Gegenstände, die in der Werbung besonders hervorgehoben werden sollen, werden vom Hintergrund kontrastiert.
So tritt z.B. ein kleiner Gegenstand auf einer großen weißen Fläche besonders hervor.

☺ Formen

Einfache, symmetrische, regelmäßige Formen sind prägnanter als andere. Besonders auffallende Formen sind daher Kreise, Quadrate, Rechtecke und gleichseitige Dreiecke.

☺ Farben

Leuchtende Farben wie Orange und Rot sind auffälliger als blasse Farben. Die Wirkung wird noch verstärkt, wenn für den Hintergrund Komplementärfarben verwendet werden, z.B. Rot-Grün, Orange-Blau oder Gelb-Lila.

☺ Platzierung

Die Mitte einer Seite wird am ehesten betrachtet.

Gestaltung:

Die Schüler versuchen nun gemäß der herausgearbeiteten Kriterien eine Zahnpastawerbung zu gestalten. Die Technik steht ihnen dabei frei, ob Zeichnen, Malen, Collagieren oder Arbeiten mit dem Computer, alles ist erlaubt. Bild und (wenig) Text sollen dabei kombiniert werden.

Reflexion / Produktbesprechung

Betrachtung der Arbeiten hinsichtlich der Berücksichtigung der besprochenen Kriterien und der Wirkung auf die Mitschüler.

Reklame

Es wirrt in mir
ein Wirbeltier,
O-DENT-A ist sein Name;
es macht dies irre
Schwirretier
für Zahnpasta Reklame.
Ich hab's heut Morgen
aufgeschnappt
von einer Anschlagsäule;
nun hat sich's in mir
festgepappt
und quält mich mit Geheule.
O-DENT-A gegen Zahnverfall,
O-DENT-A gegen Löcher,
O-DENT-A tönt es überall,
O-DENT-A noch und nöcher:
„Die Zähne werden blendend weiß,
dein Zahnfleisch eine Rose,
und duften wirst du aus dem Mund
wie eine Aprikose!"
Ich sause gleich zur Drogerie,
um mir das Zeug zu holen,
und putze mir von spät bis früh
die Zähne wie befohlen.
Doch heute hörte ich entsetzt
im Fernsehn: „Zur Hygiene
benutze CARANDENTAL jetzt
und rette deine Zähne!"
Was nehm ich nun, ich armer Mann?
Jetzt habe ich die beiden ...
und schaue stumm die Tuben an
und kann mich nicht entscheiden!

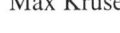

Max Kruse

Erfahrungsbereich	TA/Skizze
Bilderwelt der Medien Bilder in der Werbung	***Werbeplakat für unsere Schülerzeitung***
Thema	
Wir gestalten Plakate für unsere Schülerzeitung	**Schrift:** **Plakat muss von der Weite lesbar sein** - große Buchstaben - saubere, klare Schrift
Arbeitsbereich	
Grafisches und farbiges Gestalten / Computergrafik	**Inhalt:** - Name der Zeitung - Erscheinungsdatum - ein besonders interessanter Themenbereich - Preis
Arbeitsmittel	
Plakatpapier, verschiedene Farben, Computer	**Bild** zur Verdeutlichung des Gesagten: - einfache Bilder, Symbole
Querverbindungen	**Technik:**
Dt. / srftl. Sprachgebrauch: Schülerzeitung	- Gestaltung am Computer - Zeichnen oder Malen

Werbeplakat für unsere Schülerzeitung
(2 UZE)

Vorausgehende Arbeit:

Herstellung der Schülerzeitung

Zielangabe:

Wir wollen für unsere Schülerzeitung Werbeplakate gestalten.

Besprechung von Inhalt und Gestaltung:

vergl. TA

Die Werbewirksamkeit von Plakaten wird erhöht durch die inhaltliche Bedeutsamkeit der angesprochenen Inhalte bzw. Bilder. Dabei muss vor allem die Zielgruppe beachtet werden, dessen Aufmerksamkeit erregt werden soll. Themen, die die Zielgruppe, hier also die Mitschüler, interessieren, erhöhen die Wahrnehmung und damit das Kaufinteresse.

TA/Skizze

Das Superblatt
von uns für euch

mit vielen
Witzen
und tollen
Überraschungen

Erscheinungs-
termin 8.7.
um   8.07 h

nur
50 ct

mit vielen
Witzen
und tollen
Überra-
schungen

mit Lehrer-
rätsel -
Wer ist wer?

mit Meckerecke:
„Uns stinkt's"

Schrift (s.a. Plakat zum Umweltschutz, S.100)
Im Umgang mit dem Computer können die Schüler die Wirkung des Schriftbildes ausprobieren. Die Anziehungskraft wird beeinflusst von
- der Größe, also dem Schriftgrad
- dem Schriftschnitt (fett, kursiv, normal), Annäherung und Abrückung
- der Schriftart und
- dem Zeilenabstand

Interessante Inhalte
- aktuelle Themen
- Rätsel
- Witze
- Artikel, die sich auf Lehrkräfte beziehen
- Mandala oder „Suchsel"

Bild
Einfache Formen, witzige Figuren, leuchtende Farben erhöhen die erzielte Aufmerksamkeit.

Reflexion, Produktbesprechung
Betrachtung der Arbeiten hinsichtlich
- der Berücksichtigung der besprochenen Kriterien
- der Wirkung auf die Mitschüler
- der Wirkung aus der Ferne
Gespräch: Erreicht die Botschaft den Mitschüler?

Erfahrungsbereich	TA/Skizze
Vorstellungswelten Formenspiel und Pinseltänze	
Thema	***Gemüsemuster***
„Gemüsemuster" oder „Geo mit Obst"	Du brauchst:
Arbeitsbereich	
Grafisches Gestalten: Materialdruck mit Gemüse oder Obst	Schneide das Gemüse vorsichtig durch (längs, quer oder schräg).
Arbeitsmittel	Tupfe es trocken.
verschiedenes Gemüse bzw. Obst, Plaka- oder Wasserfarben, Schwämmchen o. Pinsel, Yoghurtbecher, Messer, Küchenpapier, Zeichenpapier	Färbe die Schnittfläche gut ein. Fertige zuerst Probedrucke.
Querverbindungen	Gestalte dann dein Gemüsemuster nach deinen Vorstellungen.
Dt. / Lesen: Gedicht „Gemüseball"	

Gemüsemuster
(1-2 UZE)

Material:

Schüler/Lehrer nehmen verschiedenes Gemüse mit.
Tipp: Ein- und dasselbe Gemüsestück kann von mehreren Schülern benützt werden, so dass nicht zu viel Gemüse verschwendet wird.

Zielangabe:

Mit Gemüse kann man tolle Muster drucken. Das werden wir heute ausprobieren.

Betrachtung des mitgebrachten Gemüse

Verschiedene Gemüsesorten werden durchgeschnitten und von ihrer Innenseite her betrachtet. Je nach Art des Schnittes (längs, quer oder schräg) erhält man unterschiedliche Ansichten. Gut eignen sich z.B. Kohlköpfe, Blumenkohlröschen, Rosenkohl, Zwiebel, Paprikastreifen usw.

TA/Skizze

Ausweitung: *Geo mit Obst*
Geschenkpapier oder Briefpapier

Du brauchst:

 oder

 Schneide die Frucht vorsichtig durch
(längs, quer oder schräg).
Tupfe sie trocken.

 Färbe die Schnittfläche gut ein.
Fertige zuerst Probedrucke.

Gestalte dann dein Geschenkpapier oder
Briefpapier nach deinen Vorstellungen.

Gemüseball
Werner Halle

*Gestern abend auf dem Ball
tanzte Herr von Zwiebel
mit der Frau von Petersil.
Ach, das war nicht übel.*

*Die Prinzessin Sellerie
tanzte fein und schicklich
mit dem Prinzen Rosenkohl.
Ach, was war sie glücklich.*

*Der Baron von Kopfsalat
tanzte leicht und herzlich
mit der Frau von Sauerkraut;
doch die blickte schmerzlich.*

*Ritter Kürbis, groß und schwer,
trat oft auf die Zehen.
Doch die Gräfin Paprika
ließ ihn einfach stehen.*

Farbauftrag:

Gut eignen sich Plakafarben oder dick angerührte Wasserfarben.
Für den Farbauftrag gibt es verschiedene Möglichkeiten:
- Auftrag mit dem Pinsel
- Farbe in einen Becher geben, mit einem Schwämmchen aufnehmen und die Schnittfläche
  einfärben
- Schnittfläche mit dem Finger einfärben
- Küchenpapier mehrmals falten, gut mit Plaka-Farbe tränken, als Stempelkissen benutzen

Vorgehen:

vergl. TA, wichtig ist es, die Schnittfläche vor dem Einfärben trocken zu tupfen.
Je nach Art des vorhandenen Gemüses kann sich der Schüler ein Muster überlegen. Es könnte
z.B. ein sich wiederholendes Muster sein oder ein kreisförmiges Muster, bei dem rund um eine
kreisförmige Form in der Mitte verschiedene andere Gemüseformen gedruckt werden.

Reflexion / Produktbesprechung:

Gemeinsames Betrachten der Werke
Besprechung hinsichtlich besonders interessanter Schnitte und Abdrucke bzw. hinsichtlich der
Gelungenheit des Musters.

Erfahrungsbereich	TA/Skizze
Vorstellungswelten Formenspiel und Pinseltänze	***Spaß mit Murmeln***
Thema	
Spaß mit Murmeln	**Du benötigst:**

Arbeitsbereich

Experimentelles
Farbauftragsverfahren mit
Abtönfarben

Deckel eines Schuh-
kartons

Arbeitsmittel

Schuhkartondeckel, Teelöffel,
Glasmurmeln (o.ä.)
Zeichenpapier, Schere, Kleber,
Abtönfarben
(evtl. auch Wasserfarben)

Murmeln, Perlen
oder ähnliches

Kleber, Schere,
Zeichenpapier

Querverbindungen

Betrachten ungegenständlicher
Kunstwerke experimenteller
Malerei

Töpfchen oder Schale
mit Farbe (Abtönfarbe)
zum Baden der Kugeln

Löffel

Spaß mit Murmeln
(1 UZE)

Zielangabe:

Wusstest du schon, dass auch Glaskugeln malen können?
Wir experimentieren heute mit Murmeln.

Vorgehensweise:
Es empfiehlt sich Gruppenarbeit, wobei jeder Gruppe mehrere Farbschalen mit den darin baden-
den Glaskugeln zur Verfügung stehen.

☞   Schneide dein Zeichenpapier so zu, dass es genau in den Deckel deines Kartons passt.
Du kannst es auch leicht festkleben.

☞   Gieße Farbe in kleine Schalen und gib zwei oder drei Murmeln in jede Schale.

☞ Hebe die Kugeln vorsichtig mit dem Löffel heraus und lege sie in deinen Kartondeckel. Pass dabei auf, dass du mit dem Löffel nicht zu viel Farbe mitnimmst.

☞ Lass die Kugeln rollen, indem du den Deckel leicht nach allen Seiten kippst.

☞ Wenn die Murmeln keine Farbe mehr abgeben, gib sie wieder in den Farbtopf zurück. Achte dabei darauf, dass die Kugeln immer in der gleichen Farbe gebadet werden.

☞ Nimm möglichst viele Farben her.

Variante:

☞ Klebe in die Mitte deines Kartondeckels ein kleines Blatt Papier (gut eignen sich Blätter eines Haftnotizblockes) und lass die Kugeln zeichnen.
Wenn du das Blatt wegnimmst, hast du ein freies weißes Feld innerhalb eines bunten Rahmens.
Du könntest z.B. ein Passbild oder Foto von dir auf dieses Feld kleben und das Bild verschenken.

Erfahrungsbereich	TA/Skizze
Vorstellungswelten Formenspiel und Pinseltänze	***Kreideschmelz-Spiegelbild***
Thema	
Kreideschmelz-Spiegelbild	Falte dein Papier in der Mitte zusammen und wieder auseinander.
Arbeitsbereich	
Abklatschtechnik - Experimentelles Farbauftragsverfahren mit Kreidestaub	Schabe mit dem Messer von den Kreidestücken möglichst feinen Kreidestaub auf einen Teller.
Arbeitsmittel	Lege dein Blatt auf festen Karton.
Kreidereste, Messer, Alufolie, Bügeleisen, Zeichen- oder Tonpapier	Gestalte mit dem Kreidestaub auf der einen Papierhälfte ein Muster. Falte die andere Hälfte vorsichtig darüber.
Querverbindungen	Trage dein Werk vorsichtig zum Bügeltisch.
Mathematik: Achsensymmetrie	Bügle dein gefaltetes Papier.

Kreideschmelz-Spiegelbild
(1-2 UZE)

Hinführung / Querverbindung:

Spiegelbildliche Muster in Mathematik, Achsensymmetrie

Zielangabe:

Mit der Kreideschmelztechnik werden wir heute in Kunst ganz besondere Spiegelbilder gestalten.

Erklären der Technik

vergl. TA,
unbedingt darauf achten, dass
- die Kinder beim Abschaben der Kreide das Messer vom Körper weg führen
- möglichst feiner Kreidestaub entsteht
- das gefaltete Blatt vor dem Gestalten auf ein festes Tonpapier oder einen anderen festen

TA/Skizze

Ausweitung:

Abklatschtechnik mit Wasserfarben

Falte ein Blatt Papier und öffne es wieder.

Tauche deinen Pinsel in die Farbe und tropfe, spritze oder kleckse Farbe auf eine Papierhälfte.

Wasche den Pinsel aus und wiederhole den Vorgang mit anderen Farben.

Falte das Papier wieder zusammen.

Reibe vorsichtig darüber.

Öffne dein Blatt und betrachte dein Zufallsprodukt.

 Gegenstand gelegt wird
- das Bügeleisen vor dem Bügeln mit Alufolie eingeschlagen wird

Gestaltung

Man kann ein abstraktes Muster gestalten oder aber ein wirklichkeitsnahes Motiv, z.B. einen Schmetterling oder ein Gesicht, anstreben, indem man auf die eine Papierhälfte beim Stauben ein halbes Bild komponiert.
Beim Bügeln schmilzt die Kreide, das Muster ist auf beiden Blatthälften gleich.

Reflexion / Produktbesprechung:

Öffnen der gefalteten Blätter und gemeinsames Betrachten der entstandenen Zufallsprodukte

Erfahrungsbereich	TA/Skizze
Vorstellungswelten Formenspiel und Pinseltänze	
Thema	
Das Bild im Bild z.B.„Geometrische Formen"	
Arbeitsbereich	
Grafisches Gestalten mit Bunt- stiften / Farbiges Gestalten	
Arbeitsmittel	
Bild eines Künstlers oder geeig- netes Kalenderbild, Kleber, Farbstifte oder Wasserfarben	
Querverbindungen	

Das Bild im Bild

oder

Klebe dein Bild in die Mitte deines Zeichenblocks.

Gestalte das Werk nun nach deinen Vorstellungen weiter.

Das Bild im Bild
hier: „Geometrische Formen"
(2-3 UZE)

Materialbeschaffung:

Der Lehrer beschafft Motive, die sich für eine Bild-im-Bild-Bearbeitung eignen. Er kann dabei auf kleine Kalenderbilder (ca. DIN A6) oder z.B. Prospekte von Kunstausstellungen zurückgreifen. Während bei ersteren jeder Schüler ein anderes Bild bearbeitet, kann bei der zweiten Variante jedem Schüler das gleiche Motiv zur Verfügung gestellt werden.

Zielangabe:

Wir setzen das Werk eines Künstlers fort.

Betrachtung der mitgebrachten Bilder

Je nach dem zur Verfügung stehenden Material erfolgt eine mehr oder weniger genaue Produktbesprechung und Analye des Kunstwerkes und seines Künstlers.

TA/Skizze

Antoine Pevsner
(1884-1962)

Pevsner ist als Bildhauer bekannt, war aber zuerst
Maler; er lernte an der Kunstschule von 1902 bis
1908, studierte dann an der Akademie in Paris von
1911 bis 1914, dort lernte er den Kubismus kennen.

Sein Bild **„geometrische Formen"** wirkt wie eine
Collage aus verschiedenen Grau- und Braunflächen.
Der Farbauftrag ist pastos. Das Bild setzt sich aus
unterschiedlichen geometrischen Formen (Recht-
ecken, Dreiecken, Stabformen und Scheibenaus-
schnitten) zusammen.

Gestaltung / Technik:

Das künstlerische Werk wird in die Mitte des Zeichenblattes geklebt. Damit Raum für die eigene
künstlerische Gestaltung bleibt, sollte das aufgeklebte Motiv etwa im Format DIN A 6 sein.
Die Schüler überlegen sich, wie sie das Kunstwerk geschickt fortsetzen könnten. Dabei beachten
sie Formen und Farbwahl des Künstlers.

Reflexion / Produktbesprechung:

Gemeinsames Betrachten der Werke
Besprechung hinsichtl. der Gelungenheit der Fortführung des Motivs

Erfahrungsbereich	TA/Skizze
Vorstellungswelten Formenspiel und Pinseltänze	**_Zerbrochener Zauberspiegel_**
Thema	
Zerbrochener Zauberspiegel	Gib einen Tropfen Tusche auf dein Papier und verblase ihn in feine Linien bis zum Rand.
Arbeitsbereich	
Verblasen von Tusche - Mischen von Rottönen	Wiederhole das so oft, bis dein Blatt in viele kleine Felder zerteilt ist.
Arbeitsmittel	✎ Bessere leicht nach falls nötig.
Tusche, evtl. Strohhalm, schwarzer Faserstift, Wasserfarben, evtl. Deckweiß, Haarpinsel, Zeichenpapier DIN A 5	Mische verschiedene Rottöne. Bemale anliegende Felder in verschiedenen Rottönen.
Querverbindungen	
Deutsch / Lesen von Märchen	

Zerbrochener Zauberspiegel
(3 UZE)

Hinführung / Motivation:

Lehrer erzählt ein selbst erfundenes Märchen von einer Prinzessin und ihrem Zauberspiegel. Das Besondere an dem Spiegel ist, dass unter dem Spiegelglas am Rand viele mit roter Zauberfarbe gefüllte Glasperlen sitzen. Vereinzelt befinden sich darunter auch Glasperlen mit weißer, gelber oder blauer Zauberfarbe.
Eines Tages fällt der Spiegel herunter, er bleibt zwar ganz, aber im Glas zeichnen sich die Sprünge ab, die Glasperlen platzen auf und die Farben zerfließen auf der ganzen Spiegelfläche. Die Prinzessin ist zuerst furchtbar traurig, doch dann sieht sie, welch fantastisches Muster sich nun ergeben hat.

Zielangabe:

Den Zauberspiegel werden wir heute gestalten.

TA/Skizze

Gestaltung / Technik:

1.Schritt:
Verblasen der Tusche

Die Schüler geben zunächst einen dicken Tropfen Tusche auf das obere linke Viertel des Blattes und verblasen den Tropfen in alle Richtungen. Ein Strohhalm knapp über den Tropfen gehalten, kann dabei helfen. Die Linien werden immer feiner und sollen bis zum Rand führen. Genauso wird mit den restlichen Vierteln verfahren.
Vorsicht: Überventilation vermeiden, da dies zu Kopfschmerzen führen kann.

Ziel des Verblasens ist, dass die Blattfläche in viele kleinere, zufällig entstandene Flächen zerteilt wird, die durch die Tuschelinien deutlich voneinander abgegrenzt sind.
Falls erforderlich kann eine kleine Nachbesserung mit einem schwarzen Faserstift erfolgen.

2.Schritt:
Bemalen der entstandenen Felder

Die Schüler benutzen zuerst die Rottöne im Malkasten und bemalen einzelne Felder damit. Sie müssen aber darauf achten, dass nebeneinanderliegende Felder nicht im gleichen Rotton bemalt sind. Anschließend mischen sie sich selbst einen Rotton und bemalen mit der gemischten Farbe weitere Felder. So fahren sie fort, bis alle Felder sauber bemalt sind. Über die dicken Tuschelinien sollte nicht gemalt werden.

Reflexion / Produktbesprechung:

Betrachtung der „Zauberspiegel"
Besprechungspunkte:
Verblasen: Je kleiner die entstandenen „Tuschekleckse" und je feiner die verblasenen Linien, desto sauberer und zarter ist die Wirkung.
Rottöne: Felder mit dem gleichen Rotton sollen nicht nebeneinander liegen.
Mischungsverhältnis: Der Rotton soll überwiegen.

Erfahrungsbereich	TA/Skizze
Vorstellungswelten Formenspiel und Pinseltänze	***Pinsel selbst gemacht***
Thema	
Wir machen uns unsere Pinsel selbst.	Das brauchen wir: Stecken für den Pinselstiel Bindfaden, Gummiband oder Draht zum Befestigen der Haare
Arbeitsbereich	
Farbiges Gestalten mit Leimfarben	Für die Haare könnten wir verwenden: - Getreidehalme, z.B. von Gerste oder Hafer - Strohhalme aus echtem Stroh
Arbeitsmittel	
verschiedene Materialien zum Herstellen der Pinsel (s.r.); großflächiges Papier, z.B. Tapetenrollen; für die Leimfarben Kleister und Farbpigmente	- Kiefernnadeln - entlaubte Akazienästchen - Gräser und deren „Blüten" - Haustierhaare - Federn - Wattestäbchen - ...
Querverbindungen	
Betrachten ungegenständlicher Kunstwerke experimenteller Malerei	s.Lit.hinw.:„Malschule für Kinder"

Pinsel selbst gemacht
(2 UZE zum Herstellen der Pinsel
2 UZE zum experimentellen Malen mit Leimfarben)

Materialbeschaffung:

Der Lehrer gibt den Schülern einige Tage vor der Kunststunde den Auftrag Material zur Herstellung eines selbstgemachten Pinsels zu besorgen. Dabei können Anregungen gegeben werden, der Fantasie der Kinder sollte jedoch weitgehend Raum gelassen werden.

Zielangabe:

Jeder Pinsel hinterlässt andere Spuren auf dem Papier. Wir wollen heute unter die Erfinder gehen und uns unsere Pinsel selber herstellen und mit ihnen experimentieren.

Betrachtung des mitgebrachten Materials:

Sitzkreis am Boden, Kinder breiten das mitgebrachte Material vor sich aus;
L: Jeder Pinsel braucht ein leichtes Holzstöckchen zum Halten und „Haare" zum Malen.
Für die Haare habt ihr ja ganz tolle Ideen gehabt.
Anschließend gemeinsame Betrachtung und Besprechung des Materials.

TA/Skizze

Leimfarben

Das brauchen wir:

   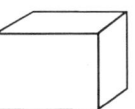

Eimer, Wasser und Tapetenkleister	Holzstab zum Verrühren	Schüssel zum Anrühren der Farbe	verschiedenfarbige Farbpigmente

Herstellung der Leimfarben:

Der Tapetenkleister (ein einfacher Kleister für leichte Tapeten genügt völlig) wird nach Vorschrift angerührt und anschließend auf kleinere Behälter verteilt. Diese müssen aber so groß sein, dass die selbst hergestellten Pinsel darin eingetaucht werden können. In den Kleister gibt man nun die Farbpigmente je nach der gewünschten Farbintensität (vergl. die jeweilige Anleitung auf der Verpackung)

Herstellung der Pinsel:
am besten in Partnerarbeit, gegenseitiges Helfen und Austauschen von Material

✎Getreidehalme, z.B. von Gerste oder Hafer oder Strohhalme aus echtem Stroh
Die Halme werden zusammengebunden, das Holzstöckchen wird in die Mitte des Bunds gesteckt, anschließend wird das Ganze fest zusammengezurrt;

✎Kiefernnadeln oder entlaubte Akazienästchen
Borstige Pinsel entstehen auch, wenn Kiefernnadeln um ein Stöckchen gebunden werden;

✎Gräser und deren „Blüten"
Gräser sind gut als Pinsel einsetzbar, evtl. kann der Grasstiel mit einem Holzsteckchen oder etwas Draht versteift werden;

✎Haustierhaare
Um ein Stöckchen gebundene Katzenhaare ergeben einen weichen Haarpinsel;

✎Federn
Die Federn werden mit Draht an einem Holzstöckchen befestigt; vor allem die weicheren Flaumfedern geben einen interessanten Pinsel ab.

✎Wattestäbchen
Fertige Wattestäbchen können auch als Pinsel dienen; genauso gut kann ein Wattebausch am Ende eines Stöckchens befestigt werden.

Herstellung der Leimfarben (s.o.):
L: Um mit unseren Pinseln malen zu können, brauchen wir Farbe. Für die Farbtöpfchen im Malkasten sind diese Pinsel zu groß. Wir müssen unsere Farbe selbst herstellen.

Experimentelles Malen mit den selbst hergestellten Leimfarben und Pinseln
ohne konkretes Motiv,
gemalt wird am besten auf sehr großflächiges Papier mit Malerkittel

anschließend **Reflexion und Produktbesprechung** gelungener experimenteller Malerei

Erfahrungsbereich	TA/Skizze
Natur als Künstlerin / Feuer	***Lagerfeuer***
Thema	
Lagerfeuer	**1) Malen des Hintergrundes**
Arbeitsbereich	
Farbiges Gestalten: Malen	Wasser mit wenigen Tropfen Spülmittel und schwarzer Farbe mischen, kräftig schütteln, Rauch aufsprühen
Arbeitsmittel	**2) Malen des Feuers**
Wasserfarben; leere Sprühflasche, Spülmittel, Pinsel. Zeichenblock	braunes, verkohltes Holz glühend rote Glut züngelnde Flammen in Rot, Orange und Gelb
Querverbindungen	
HSU Dt./Lesen: Das Feuer	

Lagerfeuer
(1-2 UZE)

Vorausgehendes Ereignis

Petersfeuer, Johannifeuer, Sonnwendfeuer oder Lagerfeuer
In ländlichen Gegenden gibt es zu verschiedenen Anlässen große Lagerfeuer, die man gemeinsam mit der Klasse besuchen kann;
bietet sich dazu keine Gelegenheit, könnte man mit der Klasse ein Fest mit Lagerfeuer veranstalten (Sicherheitsvorschriften beachten, geeigneten Platz suchen)

Einstimmung (in Deutsch / Lesen):

Lesen des Gedichts: „Das Feuer" v. J. Krüss

Zielangabe:

J. Krüss ist es hervorragend gelungen, das Feuer in Worten zu beschreiben.
Wir wollen heute unser Lagerfeuer malen.

Besprechung beim Lagerfeuer
oder aus der Erinnerung:

grauer Rauch im Hintergrund, nah an den
Flammen schwarz
tiefrote Glut, mit schwarzen Holzteilen
züngelnde Flammen, je näher zur Glut hinge-
hend, desto röter, in den Spitzen orange bis gelb
werdend

Gestaltung:

Hintergrund:
Eine Sprühflasche etwa halb voll mit Wasser
füllen, ein paar Tropfen Spülmittel und schwarze Farbe hinzugeben, kräftig schütteln,
anschließend den Schaum als Rauch auf das
Blatt sprühen;
evtl. nochmal etwas Schwarz zugeben, schütteln
und dort, wo das Ende der Flammen sein soll,
schwärzeren Rauch aufsprühen.

Feuer:
braune bis schwarze Holzscheite, aus denen die
Flammen züngelnd emporgehen

Besprechung / Reflexion:

Betrachtung der Feuerbilder,
Vergleich mit den wirklichen Bildern aus der
Erinnerung

Das Feuer von James Krüss

Hörst du, wie die Flammen flüstern,
knicken, knacken, krachen, knistern,
wie das Feuer rauscht und saust,
brodelt, brutzelt, brennt und braust?

Siehst du, wie die Flammen lecken,
züngeln und die Zunge blecken,
wie das Feuer tanzt und zuckt,
trockne Hölzer schlingt und schluckt?

Riechst du, wie die Flammen rauchen,
brenzlig, brutzlig, brandig schmauchen,
wie das Feuer rot und schwarz,
duftet, schmeckt nach Pech und Harz?

Fühlst du, wie die Flammen schwärmen
Glut aushauchen, wohlig wärmen,
wie das Feuer, flackrig-wild,
dich in warme Wellen hüllt.

Hörst du, wie es leiser knackt?
Siehst du, wie es matter flackt?
Riechst du, wie der Rauch verzieht?
Fühlst du, wie die Wärme flieht?

Kleiner wird der Feuersbraus:
Ein kleines Knistern,
ein feines Flüstern,
ein schwaches Züngeln,
ein dünnes Ringeln -
aus.

© pb-Verlag Puchheim Zeit für Kunst 3.-4. Jahrgangsstufe

Erfahrungsbereich	TA/Skizze
Natur als Künstlerin / Wasser	***Der Untergang der Titanic***
Thema	1912 stieß ein engl. Schnelldampfer auf der Fahrt nach den USA nachts auf einen Eisberg und sank.
Untergang der Titanic	
Arbeitsbereich	**1) Malen des Hintergrundes**
Farbiges Gestalten: Malen Grafisches Gestalten: Zeichnen	Streifen in immer dunkler werdenden Blautönen malen trocknen lassen
Arbeitsmittel	
Wasserfarben; Bleistift, schwarzer Bunt- oder Filzstift oder schwarze Wachsmalkreide;Schere, Kleber	✂ Blatt in Wellenlinien in Längsrichtung zerschneiden ✄ etwa acht verschieden breite Wellenstreifen ✄ auf hohe Wellen achten
Querverbindungen	Wellenstreifen etwas versetzt übereinander kleben, ✄ wir beginnen von oben ✄ nach unten zu dunkler werdend ✄ im linken, unteren Viertel eine Welle nicht ganz fest kleben
HSU: Zeit und Geschichte Dt./Lesen: Untergang der Titanic	

1.UZE: Die stürmische See

L-Erzählung vom Untergang der „Titanic":
Die Titanic war ein engl. Schnelldampfer von 47 000 BRT. Auf ihrer ersten Fahrt nach den USA im Nordatlantik am 15.4.1912 stieß sie nachts auf einen Eisberg und sank. Es gab 1517 Todesopfer. So war der Untergang der Titanic das bisher schwerste Schiffsunglück in Friedenszeiten.

Vorgehen bei der Gestaltung des Hintergrundes:
- DIN-A4 Zeichenblatt im Querformat
- Längsstreifen in verschiedenen Blautönen (ca. acht) bemalen
     helle und dunkle Blautöne, auch mit Grünstich
- gut trocknen lassen, inzwischen das weitere Vorgehen erklären
- DIN-A4 Blatt wellenförmig in Längsrichtung zerschneiden,
   darauf achten, dass die Wellenstreifen verschieden dick sind und
   die Wellen nicht zu flach ausfallen
- Wellenstreifen auf DIN-A5 Blatt versetzt anordnen, so dass ein Wellengang erkennbar ist;
   von oben mit den helleren, grünlicheren Blautönen beginnen,
   nach unten zu immer dunkler und schwärzer werden.
   Wenn man mit der Anordnung zufrieden ist, von oben nach unten festkleben;
- im linken, unteren Viertel einen Wellenstreifen nicht ganz festkleben, damit in der 2.UZE
   das Schiff etwas eingesteckt werden kann, um den Untergang darzustellen.

TA/Skizze

Die Titanic

DIN-A5 Querformat

Ozeandampfer möglichst groß (platzfüllend) zeichnen.

: Bleistift oder schwarzer Holzfarbstift oder
   schwarzer Filzstift oder schwarze Wachsmalkreide

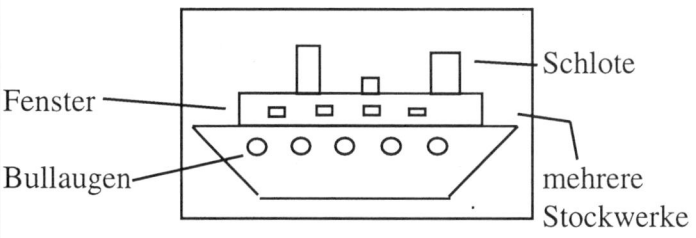

✂: entlang der äußeren Konturen ausschneiden

: auf den Hintergrund mit dem Rumpf unter
   eine Welle aufkleben

2. UZE:
Der Ozeandampfer

Besprechung des Ausssehens
eines Dampfers:

Den Schülern können verschiedene Dampfer gezeigt werden,
z.B. als Modell, als Abbildung in
Büchern usw.

Die wichtigsten Teile werden
herausgearbeitet und schemen-
haft auf der Tafel festgehalten.

Vorgehen bei der Gestaltung des Ozeandampfers:
- DIN-A5 Zeichenblatt im Querformat
- Dampfer aufzeichnen und ausschmücken mit Bullaugen, Fenstern, Schloten
- gearbeitet wird mit einem schwarzen Stift, die Wahl des Materials bleibt den Kindern über-
   lassen.

Zusammenfügen von Hintergrund und Dampfer:
- Dampfer entlang der äußeren Konturen ausschneiden;
- auf dem Hintergrund auflegen,
   dabei etwas in Schieflage bringen und linken Rumpf unter die nicht festgeklebte Welle
   schieben,
- anschließend festkleben.

Produktbesprechung hinsichtlich
- Wellenbildung
- Aussehen des Dampfers
- Formatfüllung der Titanic
- Darstellung des Untergangs

Erfahrungsbereich	TA/Skizze
Natur als Künstlerin / Feuer, Wasser, Luft	***Sonnenuntergang am Meer*** ***Nass-in-Nass-Technik***
Thema	
Sonnenuntergang am Meer	**1) Malen des Hintergrundes**
Arbeitsbereich	Querformat
lasierendes Malen: Nass-in-Nass-Technik / Collagieren	Blatt mit Schwamm gut anfeuchten
Arbeitsmittel	<u>Obere Blatthälfte: Himmel</u>
Wasserfarben; Bleistift, etwas Pappe, schwarzes Tonpapier, Schere, Kleber	- Beginne in der Mitte mit einem dunkelroten Halbkreis - arbeite zügig - male nach oben zu weitere Halbkreise <u>Farbenfolge:</u> dunkelrot, hellrot, orange, gelb Ineinanderlaufen der Farben ist erwünscht, restlicher Himmel bläulich, nach außen zu dunkler werdend
Querverbindungen	<u>Untere Blatthälfte: Wasser</u>
Dt./Gedicht: Dort, wo die Welt aufhört HSU: Sonne und Erde /Wasserkreisl.	evtl. nochmals mit Schwamm gut anfeuchten blau bis blauschwarz, nach unten zu dunkler werdend

Sonnenuntergang am Meer
(2 UZE)

<u>Textbegegnung mit dem Gedicht von Roswitha Fröhlich:</u>
„ Dort, wo die Welt aufhört"
Gespräch: Habt ihr schon einmal einen Sonnenuntergang erlebt? Wie verändert sich die Umgebung, der Himmel? Welche Stimmung vermittelt er?

<u>Betrachten von Sonnenuntergang-Bildern / Fotos</u>
Klassengespräch: Wie ist der Himmel gefärbt, wie das Wasser? Welche Stimmung vermittelt das Bild? In welchen Farben nimmt man vorbeifliegende Vögel wahr?

<u>Vorbereitung:</u>
Zeichenpapier aus dem Zeichenblock lösen, da sonst bei der Nass-in-Nass-Technik die darunterliegenden Blätter beschädigt werden.
Papier am besten auf einen glatten Tisch (ohne Zeitungspapier) legen um Wellenbildung zu vermeiden.

<u>Nass-in-Nass-Technik:</u>
- ganzes Papier mit Schwämmchen nass machen
- anschließend dicken Pinsel nehmen und mit dunklem Rot in die Mitte des Papiers einen Halbkreis malen

2) Gestaltung der Vögel

Dort, wo die Welt aufhört

*Dort, wo die Welt
aufhört,
am Horizont,
habe ich die Sonne ins
Wasser fallen sehen.
Von einer Sekunde zur anderen
sank sie hinter der glatten Meeresscheibe
ins Nichts.
Wenn ich nicht wüsste,
dass die Erde rund ist,
würde ich denken,
die Sonne sei für immer versunken.
Aber Gott sei Dank habe ich ja gelernt,
nicht nur meinen Augen zu trauen.*

R. Fröhlich

✎: Vorzeichnen der Vogelform auf Versuchspapier
Flugform beachten, Flügel ausgebreitet
Größe beachten, ca. drei Vögel sollen am Himmel
zu sehen sein;

✎: Anfertigen einer Pappschablone

✎: Übertragen der Form auf schwarzes Tonpapier

✂: ausschneiden und sauber aufkleben

- zügige Weitergestaltung der oberen Papierhälfte, dem Himmel,
  wobei nach oben zu weitere Halbkreise gemalt werden;
  Farbenfolge: dunkelrot, hellrot, orange, dunkelgelb, grünlich, bläulich, blauschwarz
  Ineinanderlaufen und Vermischung der Farben ist erwünscht;
- bevor die untere Papierhälfte, das Wasser, in Angriff genommen wird, kann ein nochmaliges
  Befeuchten mit Schwamm und Wasser erforderlich sein;
- für das Wasser von der Bildmitte nach unten zu immer dunkler werdende Blau-/Blauschwarz-
  töne verwenden;
- Blatt auf dem Tisch trocknen lassen.

Gestaltung der Vögel:
Im Blick gegen die Sonne erscheinen die Vögel schwarz.
- Vorzeichnen der Vogelform (im Flug) auf einem Experimentierpapier;
- erhaltene Vogelform könnte auf Pappe übertragen und als Schablone benützt werden;
- Vogelform auf schwarzes Tonpapier mehrmals übertragen, ausschneiden und sauber aufkleben.

Reflexion:
Betrachtung der fertigen Arbeiten,
auf entstandene Mischfarben eingehen

Erfahrungsbereich	TA/Skizze
Natur als Künstlerin / Erde	
Thema	***Am Meeresstrand***
Am Meeresstrand	Wähle ein Tier aus, das du am Meeresstrand findest.
Arbeitsbereich	
Grafisches / räumliches Gestalten: Steinmosaik	✎: Zeichne es mit Bleistift groß auf dein Tonpapier.
Arbeitsmittel	
viele kleine Kieselsteine verschiedener Größe, Weißleim, hellbraunes Tonpapier, Bleistift	: Beklebe den Körper stückweise mit Steinchen. Beachte dabei Größe und Form der Steine.
Querverbindungen	

Am Meeresstrand
(2 UZE)

<u>Vorbereitende Hausaufgabe (oder Besorgung durch die Lehrkraft)</u>

Mitbringen von vielen kleinen, evtl. verschiedenfarbigen Kieselsteinchen

<u>Schüler-Erzählung vom Urlaub am Meer:</u>

Erzählen von Erlebnissen mit Meeresbewohnern, Betrachtung verschiedener Meeresbewohner in Lexika, Tierbüchern usw.

<u>Gestaltung :</u>

<u>Zeichnen des Umrisses:</u>
Je nach Art und Menge der vorhandenen Steinchen wählt sich der Schüler ein Tier aus und zeichnet die groben Umrisse auf das braune Tonpapier (Sandstrand) auf.

TA/Skizze

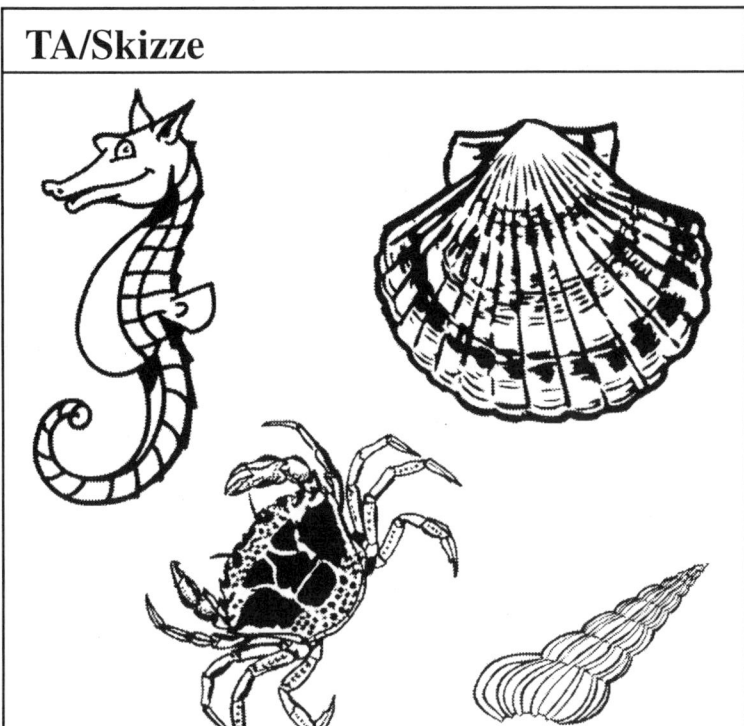

Kleben der Steinchen:
Die aufgezeichnete Form wird stückchenweise mit durchsichtigem Kleber (Weißleim) eingestrichen. Man beginnt mit den größeren Steinchen und gestaltet damit den groben Körper. Die kleineren Steinchen können zum Auffüllen oder zum Gestalten kleinerer Körperteile (z.B. Scheren der Krebse) verwendet werden. Verschiedenfarbige Steinchen dienen zur Strukturierung. Zum Schluss kann das verbleibende Tonpapier mit dem Kleister bestrichen und mit Sand bestreut werden. Der Sand wird festgedrückt. Nach kurzer Trocknungszeit wird der Sand abgeschüttelt, der nicht festklebt.

Reflexion / Produktbesprechung:
Betrachtung der entstandenen Meeresbewohner /
Steinchenmosaik: Betrachtung der verschiedenen Steinchen hinsichtlich Form und Farbe, Gelungenheit des Mosaiks

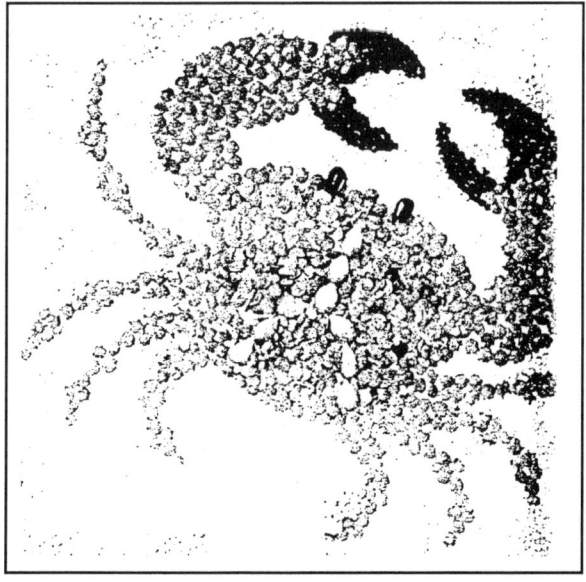

Erfahrungsbereich	TA/Skizze
Natur als Künstlerin / Erde	***Passepartout mit Tierbild***
Thema	
Passepartout mit Tierbild	
Arbeitsbereich	**Herstellung des Kleisters**
Farbiges Gestalten: Malen mit Leimfarben und Erdfarben	- Rühre 30 g Mehl in 100 ml kaltes Wasser ein.
Arbeitsmittel	- Bringe 200 ml Wasser zum Kochen.
Wasser, Mehl, verschiedene Erden (Lehm, Ton), Tierbild, Schüsseln, Schneebesen, Kochlöffel, Sieb, Kochplatte, Papier (alte Tapeten), Pappe	- Rühre den Mehlbrei hinein und lasse das Ganze 3 Minuten kochen, schlage dabei kräftig. - Siebe die Masse in eine Schüssel. - Verteile den Kleister auf mehrere Becher.
Querverbindungen	
HSU: Leben mit der Natur Wasserdurchlässigkeit verschiedener Bodenarten	- Mische Tonbrei oder Erdpulver darunter.

Passepartout mit Tierbild
(2 UZE)

Sammeln des Erdmaterials
In Verbindung mit einem Unterrichtsgang in HSU wird verschiedenes Erdmaterial gesammelt. Gut geeignet ist der Aushub von Häusern, weil man hier auch tiefer liegende Erdschichten sehen und sammeln kann, oder ein Gewässerrand, wo leichter Lehm- oder Tonschichten zu finden sind.
Gesammelt wird normale Erde, Lehm und Ton in möglichst vielen Farbtönen, schwarze Blumenerde kann von zu Hause mitgebracht werden.
Falls das Sammeln mit den Schülern nicht möglich ist, kann auf Töpferton in verschiedenen Farben (gelblich, rot, dunkelbraun) zurückgegriffen werden.

Betrachtung der verschiedenen Farbtöne
Die Schüler betrachten die verschiedenen Erdproben und stellen die unterschiedliche Konsistenz sowie die Vielfalt der Farben fest:
weißlich, gelblich, grünlich, rötlich, alle Abstufungen von Braun, gräulich und schwarz.

Zielangabe:
Für das Bild von unserem Lieblingstier wollen wir heute einen Bilderrahmen aus Papier gestalten.

TA/Skizze

Pappkamm

Ein Stück Pappe möglichst gleichmäßig am Rand einzacken.
Zackt man beide Ränder kann man einmal feinere und einmal gröbere Zacken schneiden.

<u>Vorbereitung der Erdfarben</u>
Den Ton/Lehm verrührt man in etwas Wasser zu einem dünnen Brei,
die Erde siebt man fein durch.

<u>Herstellung des Kleisters</u>
(Rezept für einen Schüler, es empfiehlt sich jedoch die Arbeit in der Gruppe):
30 g Mehl werden mit dem Schneebesen in 100 ml kaltes Wasser eingerührt, bis keine Klumpen mehr zu sehen sind. Inzwischen bringt man 200 ml Wasser zum Kochen. Wenn es sprudelt, rührt man den Mehlbrei hinein. Unter kräftigem Schlagen wird das Ganze 3 Minuten gekocht. Anlegen am Topfboden kann

durch gutes Rühren vermieden werden. Um keine Klumpen im Kleister zu haben, lässt man die Masse durch ein Küchensieb in eine Schüssel fließen.

<u>Färben des Kleisters:</u>
Den lauwarmen Kleister gießt man nun in mehrere Joghurtbecher.
Zu jedem Becher gibt man nun etwas von dem Tonbrei bzw. Erdpulver und schlägt es unter den Kleister.

<u>Gestaltung des Papiers:</u>
Ein etwa DIN A4 großes Stück Papier (Tapete) wird auf Zeitungen gelegt. Mit einem breiten Pinsel wird der verschiedenfarbige Kleister daraufgestrichen und zu einem Muster kombiniert. Mit einem Kamm aus Pappkarton, dem Pinsel oder dem Finger können verschiedenen Linien und Formen in den Kleister geritzt oder gedrückt werden.

<u>Fertigstellung:</u>
Nach dem Trocknen (ca. 1 Tag) wird das Blatt mehrmals in alle Richtungen über eine Tischkante gezogen, damit es glatt wird.
In die Mitte wird ein Rechteck (etwas kleiner als das Tierbild) geschnitten. Das Foto wird an den Rändern mit Kleber bestrichen und an der Rückseite des Passepartouts festgeklebt.

<u>Reflexion / Produktbesprechung:</u>
Betrachtung der fertigen Bilderrahmen, der Muster, der Farben (Feststellung: nach dem Trocknen wird die Farbintensität schwächer);
Aufhängen im Klassenzimmer

Erfahrungsbereich	TA/Skizze
Natur wird Kunst Botschaften der Meisterwerke	
Thema	
Landschaft (Winter)	***Landschaft im Winter***
Arbeitsbereich	
Betrachten	**von Kasimir Malewitsch 1909**
Arbeitsmittel	geb. in Kiew 1878 gest. 1935 in Leningrad
Kunstkarte (Poster o.ä.) von Malewitschs Landschaft im Winter	
Querverbindungen	

Landschaft im Winter
(1-2 UZE)

Motivation:

Betrachtung einer verschneiten Winterlandschaft
Schüler geben ihre Eindrücke wieder,
schildern, wie die Landschaft auf sie wirkt,
schildern, was sie bei einem Spaziergang an einem strengen Wintertag empfinden usw.

Zielangabe:

Ich habe dir ein Bild mit einer Schneelandschaft mitgebracht.
Das werden wir uns jetzt genauer ansehen.

Informationen zum Künstler:

Kasimir Malewitsch, geb. 23.2.1878 in Kiew; gest. 15.5.1935 in Leningrad
Der Maler, Graphiker und Kunsttheoretiker zählt zu den konsequentesten Vertretern des Konstruktivismus, der mit der Entwicklung des Suprematismus den Beginn der abstrakten Malerei in der Sowjetunion initiierte. Nach impressionistischen Anfängen begann er sich mit dem Fauvismus auseinanderzusetzen. Leuchtkraft der Farben war Malewitsch besonders wichtig.

Er gelangte zu einer immer stärkeren Geometrisierung, die sein Interesse für den Kubismus bezeugt. 1913 entstand ein Schlüsselwerk der modernen Kunst, als Zeichen einer neuen Vorherrschaft der reinen Empfindung in der Kunst, des Suprematismus.

„Landschaft im Winter"

<u>Perspektivische Anordnung zum Ausdruck von Räumlichkeit und Bewegung:</u>
große Häuser und Bäume im Vordergrund, kleine im Hintergrund;
eine Baumreihe, die sich von der vorderen linken Ecke in die Tiefe des Bildes hinein fortsetzt;
leicht geschwungene Hügel, deren Farben nach hinten zu immer heller werden;

<u>Vereinfachung aller Formen, Verwendung geometrischer Formen:</u>
Baum: runde Form der Krone an Stelle von einzelnen Ästen und Zweigen
Häuser: einfache Vierecke an Stelle von Verwinkelungen

<u>Farbwahl entspricht zum Teil nicht der Wirklichkeit /</u>
<u>Farbwahl als Ausdruck der Stimmung</u>
Bsp. rotes Haus mit grünem Dach inmitten des Blau-Weiß für den Schnee
Zum Ausdruck soll das Gefühl eines kalten, klaren Wintertages kommen. Der gefrorene Schnee wird in kühlem Blau-Weiß gehalten, die warmen Farben Rot und Gelb für die Häuser vermitteln das Gefühl von Wärme, Schutz, Geborgenheit.
Mit dem grünen Dach (Grün als Komplementärfarbe von Rot) kommt das Haus besonders stark zum Ausdruck.
Der Wanderer bringt Bewegung ins Bild.

68

Erfahrungsbereich	TA/Skizze

Menschen als Gestalter der Welt
Alltagsgegenstände - Schuhe
Thema
 	
Ein Schuh als Stiftehalter
 	
Arbeitsbereich
 	
Räumliches Gestalten
Formen mit Ton
 	
Arbeitsmittel
 	
verschiedene Schuhe,
wenn mögl. auch Schuhe aus
der Zeit der Großeltern;
Töpferton, Holzstückchen
 	
Querverbindungen
 	
Dt./Lesen: Eulenspiegel-
geschichte
	Ein Schuh als Stiftehalter
	
	Vorgehen:
	
	☺ Ton einen halben Zentimeter dick ausrollen,
	
	☺ zu zwei etwa armdicken Röhren formen,
	  20 cm und 10 cm lang
	
	☺ Röhren aufeinander setzen,
	  Nahtstellen sehr gut verbinden und verstreichen
	
	☺ Ausgestaltung des Schuhs ,
	  z.B. Sohle, Schuhbänder, Ösen usw.

Ein Schuh als Stiftehalter
(3 UZE)

L-Erz. bzw. Lesen des Lesestücks „Eulenspiegels Rache"
Eulenspiegel bekommt über hundert linke Schuhe von den Leuten für ein „Kunststück",
das darin besteht, dass die Leute ihren Schuh aus einem Haufen Durcheinander suchen müssen.

Vorbereitende Hausaufgabe:
verschiedene Schuhe mitbringen

Zielangabe:
1.TZ:
Wir haben fast so viele Schuhe wie Till Eulenspiegel. Lasst sie uns einmal genau betrachten.

Betrachten der Schuhe
Betrachten, Ordnen und Vergleichen der Schuhe z.B. nach ihrer Nutzung, dem verarbeiteten
Material, der Form, der Farbe, dem Alter, den Gebrauchsspuren usw.
Unterschiede finden zwischen Schuhen, die unsere Urgroßeltern trugen und den Schuhen, die
wir heute tragen.

Eulenspiegels Rache (in Auszügen)

Einige Zeit später bereitete Till abermals eine Seiltanzvorführung vor. Wieder stand das ganze Volk dabei um zuzusehen. Doch ehe Eulenspiegel auf das Seil kletterte, rief er: „He! Heute zeige ich euch etwas Besonderes. Gebt mir alle euren linken Schuh, ich mache damit auf dem Seil ein hübsches Kunststück!" Bereitwillig zogen viele Leute ihre Schuhe aus, denn sie meinten eine tolle Vorführung zu erleben. So bekam Till über hundert einzelne Schuhe, band sie alle mit einem Strick zusammen und stieg damit hoch aufs Seil.

Gespannt beobachteten die Leute seine Turnkünste und warteten auf das Schuh-Kunststück. Da setzte sich Eulenspiegel plötzlich mitten aufs Seil und rief hinunter: „Passt auf, jetzt kommt's!"

Damit schnitt er die Schuhe auseinander und ließ sie allesamt in die Menge hinunterpurzeln. „Sucht eure Schuhe nur wieder. Das wird ein schönes Kunststück werden", rief er lachend hinterher. ....

2.TZ:
Manchmal werden Schuhe auch gar nicht zum Anziehen verwendet.
Wir töpfern uns einen Schuh als Stiftehalter.

falls möglich: Betrachten zweckentfremdeter Schuhe
z.B. ein Schuh aus Beton im Garten, die mit Blumen bepflanzt ist;
ein Fußballschuh aus Keramik, der von Spielern zum Geldsammeln verwendet wird;
ein übergroßer Schuh im Gang als Halter von Filzpantoffeln usw.

Gestaltung:
Formen eines Schuhs (Basketballstiefels, Stiefels) aus Ton
Vorgehen:
☺ Ton einen halben Zentimeter dick ausrollen,
☺ zu zwei etwa armdicken Röhren formen,
    erste Röhre für den Fuß etwa 20 cm lang, hinten (Ferse) geschlossen
    zweite Röhre für den Schaft etwa 10 cm lang, oben und unten offen
☺ Röhren aufeinander setzen, Nahtstellen sehr gut verbinden und verstreichen, evtl. Hölzchen zu Hilfe nehmen. Zum Verstreichen das Hölzchen sowohl von oben als auch von vorne in die Öffnungen führen. Genügend Wasser zu Hilfe nehmen. Die Verbindung der beiden Röhren stellt die größte Schwierigkeit dar und ist die wichtigste Aufgabe bei der Gestaltung des Schuhs. Auf sie muss daher genug Zeit und Sorgfalt verwendet werden.
☺ Sobald die Verbindung gut gelungen ist, kann es an die Ausgestaltung des Schuhs gehen,
z.B. Sohle formen,
    Zehenbereich schließen,
    dünne Würste für die Schuhbänder,
    kurze, flache Streifen für die Ösen usw.
☺ fertig gestaltete Schuhe brennen (evtl. auch glasieren)

Reflexion / Produktbesprechung:
Betrachten der fertigen Schuhe, mit Stiften füllen

Erfahrungsbereich	TA/Skizze
Menschen als Gestalter der Welt Alltagsgegenstände	

Thema

Wir basteln Instrumente

Arbeitsbereich

Räumliches Gestalten, Bauen, Montieren, Nageln, Verschrauben, Kleben, Leimen

Arbeitsmittel

verschiedene Abfall- und Restmaterialien

vergl. bei den jeweiligen Instrumenten

Querverbindungen

HSU: Abfallentsorgung
Musik: rhythmische Begleitung

Wir stellen Rhythmusinstrumente her

1) Astgabelrassel

2) Löffelklimper

entnommen aus: United Kids, Spiel- und Aktionsbuch Dritte Welt,

Wir stellen Rhythmusinstrumente her.
(2-3 UZE)

L-Erz./Klassengespräch: afrikanische Musik
Der Rhythmus spielt in der afrikanischen Musik eine wichtige Rolle. Viele der traditionellen Rhythmusinstrumente werden dort aus heimischen Materialien hergestellt.
Auch aus vielen Abfallmaterialien kann man tolle Rhythmusinstrumente herstellen.

Vorbereitende Hausaufgabe:
Beschaffung geeigneten Abfallmaterials

Zielangabe:
Wir stellen Rhythmusinstrumente her.

Ausprobieren der Klangeigenschaften des vorhandenen Materials:
Joghurtbecher, Dosen, Duschmittel-Flaschen, Pappröhren, Schuhkarton, Flaschendeckel, Steinchen, Glöckchen, Holz, Astgabeln, Plastiklöffel

Trommel:

Material: Waschmittelbox, Blumentopf oder Blechdose
feste Plastikfolie oder Fensterleder,
Gummiband, Schnur oder Teppichklebeband

Anleitung:

Gegenstand mit Folie bespannen und mit Gummiband, Schnur oder Klebeband befestigen.

Drehrasseltrommel:

Material: runde Camembert-Schachtel, Stab, Faden, Holzperlen

Anleitung:

Käseschachtel mit dem Stab der Länge nach durchbohren;
an das obere Ende des Stabes vier Fäden binden, an deren Ende sich jeweils eine kleine Holzperle befindet. Darauf achten, dass die Fäden so lang sind, dass die Perlen beim Drehen der Trommel an die Käseschachtel schlagen.

Rasseln:

Joghurtbecherrassel

Material: zwei gleich große Joghurtbecher, breites Klebeband, Steinchen o.ähnl.

Anleitung:

Jogurtbecher mit ein paar Steinchen füllen, anschließend an den Öffnungen zusammenkleben.

Shampooflaschenrassel

Material: zwei gleich große Shampoo-Flaschen, breites Klebeband, Steinchen o.ähnl.

Anleitung:

Eine Shampoo-Flasche mit ein paar Steinchen füllen, anschließend beide Flaschen an den Öffnungen zusammenkleben.

Schuhcremedosenrassel

Material: Schuhcremedose, Steinchen o.ähnl.

Anleitung:

Schuhcremedose mit ein paar Steinchen füllen, Dose evtl. bemalen

Astgabelrassel (s.Abb.)

Material: Astgabel, etwa 10 Kronkorken, zwei Drähte ca. 20 cm lang
starker Nagel, Hammer, Bohrer, Rundzange

Anleitung:

Aus den Kronkorken die Kork- oder Plastikeinlage entfernen, anschließend mit Hammer und Nagel ein Loch in die Mitte des Kronkorken schlagen.
Auf jedes Drahtstück etwa 5 Kronkorken fädeln, es muss aber Platz bleiben, dass die Deckel hin- und herrutschen können.
In die Astgabel an beiden Seiten je zwei einander gegenüberliegende Löcher im Abstand von etwa 4 cm bohren.
Drahtstücke durch die Löcher in der Astgabel stecken und mit der Rundzange Drahtenden gut befestigen. Überstehenden Draht abschneiden.

Löffelklimper (s.Abb.)

Material: drei Plastik-Eislöffelchen, drei lange Nägel, Holzbrettchen
sechs Bogenstifte, Hammer

Anleitung:

Nägel mit den Bogenstiften nebeneinander auf das Holzbrettchen nageln (Abstand etwa 1 cm), darauf achten, dass die Eislöffelchen vor dem Festnageln unter dem mittleren Nagel durchgezogen werden.

Erfahrungsbereich	TA/Skizze
Menschen als Gestalter der Welt Alltagsgegenstände	***Vogelscheuche für unseren Garten*** ***Aus alt mach neu***
Thema	
Vogelscheuche	
Arbeitsbereich	1) Einfaches Holzkreuz aus Dachlatten zusammennageln oder Stempen so zusammenbinden
Räumliches Gestalten, Bauen, Montieren, Nageln, Ver- schrauben, Kleben, Leimen	
Arbeitsmittel	2) Fundstücke, Abfallprodukte, Kleidung zu einer Vogelscheuche bauen
Holzlatten, Nägel, Schrauben, Eimer, Blechdosen, Schnüre, Bänder, Alufolie, Hut, Klei- dung, Besen, Kleber, Hammer, Schraubenzieher, ..	
Querverbindungen	
HSU: Abfallentsorgung Werken Deutsch/Gedicht: Vogelscheuche	

Eine Vogelscheuche für unseren Garten
Objekte aus Alltagsgegenständen
(2-3 UZE)

Textbegegnung mit dem Gedicht von Christian Morgenstern:
        „Die Vogelscheuche"

Klassengespräch: Bilder von Vogelscheuchen
lustige, schaurige oder furchterregende Gestalten auf Feldern
Zweck: Vertreiben der Vögel von reifen Beeren oder Früchten bzw. von Gartenbeeten
Material: vieles eignet sich zum Herstellen einer Vogelscheuche, vor allem schepperndes bzw. glänzendes, blinkendes Material

Vorbereitende Hausaufgabe:
Beschaffung geeigneten Materials

Zielangabe:
Wir bauen eine Vogelscheuche in Gruppenarbeit

Sichtung des vorhandenen Materials:
Holzlatten, Nägel, Schrauben, Eimer, Blechdosen, Schnüre, Draht, Bänder, Alufolie, Hut, Kleidung, Stroh, Besen, Kleber, Hammer, Schraubenzieher, Kombizange ...

TA/Skizze

Objektart

(weiteres Beispiel)

Bei der Objektkunst werden Alltagsgegenstände durch Bauen, Nageln, Zusammenschrauben, Schweißen, Kleben und andere Techniken zu einer Plastik verbunden.

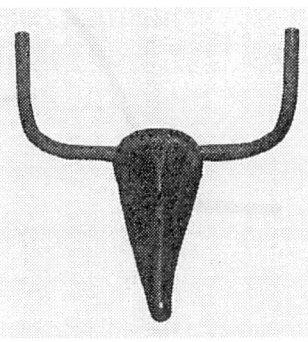

Pablo Picasso:
Stierkopf 1942
Sattel und Lenkstange
eines Fahrrades

Die Vogelscheuche

v. Christian Morgenstern

*Die Raben rufen; „Krah, krah, krah!
Wer steht denn da, wer steht denn da?
Wir fürchten uns nicht, wir fürchten uns nicht
vor dir mit deinem Blechgesicht.*

*Wir wissen es ja ganz genau,
du bist nicht Mann, du bist nicht Frau.
Du kannst ja nicht zwei Schritte gehn
und bleibst bei Wind und Wetter stehn.*

*Du bist ja nur ein bloßer Stock,
mit Stiefeln, Hosen, Hut und Rock.
Krah, krah, krah!"*

Vorgehen:
Bauen des Holzkreuzes
Dachlatten zusägen, zu Kreuz aufeinander nageln
bzw. Stempen zusägen und mit Draht zu Kreuz zusammenbinden

Weitergestaltung:
- „Anziehen" des Kreuzes mit abgetragenem Hemd oder zerschlissener Jacke, ausgestopft mit Stroh
- den Kopf bildet ein verrosteter Eimer oder eine große Blechbüchse, an den mit Alleskleber weitere Teile (Dosen, Dosendeckel, Draht vergl. Bild) befestigt werden können, ein Hut dient als Bekleidung
- weitere Verzierung mit Gegenständen, die im Wind klappern und scheppern bzw. die durch ihre schrillen Farben oder blinkende, glänzende Wirkung zur Vertreibung der Vögel dienen, z.B. Alufolie ...

Reflexion / Produktbesprechung:
Wirkung der Vogelscheuche auf uns:
komisch oder furchterregend
Verarbeitung:
Hält die Vogelscheuche auch einem Windstoß stand
abschreckende Wirkung:
Was klappert, bewegt sich, glitzert?

Quelle:
Bildende Kunst 1

Erfahrungsbereich	TA/Skizze
Menschen als Gestalter der Welt Alltagsgegenstände	
Thema	***Puppen aus Maisstroh***
Puppen aus Maisstroh	***Basteln der Puppe***
Arbeitsbereich	
Räumliches Gestalten, Bauen mit flexiblen Materialien, Binden, Kleben	1) Bündle einige Blätter und binde sie in der Mitte mit Naturbast zusammen.
Arbeitsmittel	2) Binde den Kopf ab.
verschiedene Puppen, Hüllenblätter von Maiskolben, Naturbast, Stoffreste und Wolle, Faden, Nadel, Kleber	3) Schiebe ein kleineres Armbündel durch. 4) Binde Oberkörper und Hände ab. 5) Schneide die Enden der Maisblätter unten gerade ab.
Querverbindungen	
Dt./ mdl. Sprachgebrauch: Darstellendes Spiel mit den gebastelten Puppen	

Puppen aus Maisstroh
(2 UZE)

Betrachtung:
Schüler bringen verschiedene Puppen mit: Barbiepuppen, Babypuppen, Trachtenpuppen, Plastikpuppen, Stoffpuppen, Holzpuppen, evtl. alte Puppen der Großeltern
Betrachten, Ordnen und Vergleichen der Puppen hinsichtlich Aussehen und Material, Beurteilung der Zweckerfüllung (zum Spielen, Ansehen, Ausstellen, Sammeln)

Hinführung:
Kinder in Afrika basteln ihre Puppen selbst. Sie nehmen dazu getrocknete Blätter von Bananenstauden.

Zielangabe:
Wir bauen uns eine Puppe aus Maisstroh.

Besorgung des Materials:
Auf dem Land können die Schüler die Maisblätter beim Bauern leicht selbst besorgen.
Zum Basteln geeignet sind vor allem die bereits getrockneten Blätter (grüne Blätter müssen erst zum Trocknen aufgehängt werden).

TA/Skizze

Puppen aus Maisstroh
Bekleidung

1) Schneide aus deinem Stoffrest ein Rechteck heraus:
2) Falte das Rechteck in der Mitte.
3) Schneide im Falz einen Halbkreis für den Kopf heraus.
4) Schließe die Seitennähte.
5) Binde das Kleid mit einem schmalen Stoffstreifen zusammen.
6) Klebe Haare aus Wolle auf.

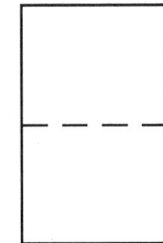

Länge:
2-mal die Länge vom Hals bis zum Körperende

Breite:
Breite des Puppen-oberkörpers + 2cm

Gestaltung:
Basteln der Puppen (s. TA links und Bildkarten unten)
Bekleidung: Zuschneiden und Nähen des Kleides (s.TA und Bildkarten oben)

Produktbesprechung:
Betrachtung der entstandenen Puppen, evtl. Rollen- oder Charakterenzuweisung

Darstellendes Spiel:
Die Kinder können mit den selbst gebastelten Puppen in Rollenspielen kleine Alltagsszenen darstellen
oder
als Figurenspiel (z.B. Befestigung der Puppen auf Stäben) kurze Szenen einstudieren und vorführen.

Bildkarten zum Basteln des Puppenkörpers

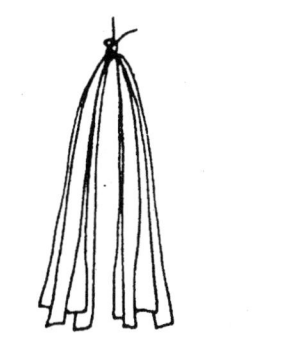
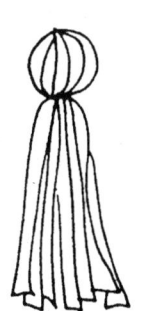

entn. aus United Kids - Spiel- und Aktionsbuch

Erfahrungsbereich	TA/Skizze
Menschen als Gestalter der Welt Alltagsgegenstände	
Thema	*Shoe Roadster*
Shoe Roadster	
Arbeitsbereich	**Wie wird aus einem Schuh ein Auto?**
Räumliches Gestalten, Bauen mit starren und flexiblen Materialien, Nageln, Kleben	
Arbeitsmittel	Reifen Kotflügel Achsen Windschutzscheibe Sitze Scheinwerfer Auspuff
verschiedene Schuhe, verschiedene Materialien für Räder, Sitze, Windschutzscheibe usw. s.u., starken Kleber	
Querverbindungen	
HSU: Entwicklung von Gebrauchsgegenständen, z.B. Auto	

Shoe-Roadster
(2-3 UZE)

Betrachtung:

Schüler/Lehrer bringen verschiedene alte Schuhe mit
(Tipp: Schuhcontainer bei Schuhgeschäften)
Betrachten, Ordnen und Vergleichen der Schuhe hinsichtlich Aussehen und Material,
Beurteilung der Zweckerfüllung (für Sport, Straße, Haus, Tanz...)

Zielangabe:

Wir werden diese Schuhe heute zweckentfremden und daraus einen Roadster bauen.

Didaktische Anmerkung:

Hier sind Phantasie und Kreativität gefragt. Das Material wird völlig neu benutzt und kombiniert, Gegenstände werden umgedeutet.

<u>Material:</u>

Schuh

Nicht jeder Schuh eignet sich gleich gut für den Bau eines Autos mit offenem Verdeck.
Gut geeignet sind flache Damenslipper.
Von der Art des Schuhs hängt auch die Art der Beschaffenheit des sonstigen Materials ab
(gröber oder feiner).

Achsen

Für die Achsen könnten alte Holzstricknadeln, lange Nägel, Luftballon-Halter, Stiele von
Fähnchen o.ä. Verwendung finden. Die Achsen sollten rechts und links 1 bis 2 cm hinausragen,
um später die Räder daranstecken zu können. Zur Befestigung der Achsen werden in das
Schuhleder kleine Löcher gebohrt und die Achsen durchgesteckt.

Reifen

Für die Reifen gibt es viele verschiedene Möglichkeiten:
Deckel von Marmeladegläschen, Deckel von Farbbehältern, Reifen eines ausrangierten
Spielzeugautos, zugeschnittene Toilettenpapier-Papprollen ..
Sie könnten auch aus Sperrholzresten ausgesägt werden.
Die Räder werden mit Temperafarbe schwarz bemalt, in Achsendicke durchbohrt und auf die
Achsen gesteckt.

Kotflügel

Sie können aus Pappe zurechtgeschnitten werden und mit starkem Vielzweckkleber am Schuh
festgeklebt werden.

Windschutzscheibe

Für die Holme der Windschutzscheibe schlitzt man das Schuhleder an der entsprechenden
Stelle leicht auf, gibt einen Tropfen Kleister in den Schlitz und steckt Streichhölzer hinein.
Für die Scheibe selbst kann man einen Streifen aus einer Prospekthülle oder durchsichtigen
Folie (alter Bucheinband) schneiden und an Holmen und Schuh verkleben.

Sitze

Die Sitze (zwei bis vier) werden aus Schaumstoff in Schuhgröße zurechtgeschnitten und mit
Temperafarbe bemalt. Nach dem Trocknen werden sie in den Schuh geklebt.
Weitere Möglichkeiten: Blumensteckschwamm zurechtschneiden oder passende Holz-
stückchen einkleben.

Scheinwerfer, Auspuff

Aus gelbem bzw. grauem Kartonpapier werden kleine Tütchen gedreht und als Scheinwerfer
bzw. Auspuff mit starkem Vielzweckkleber am Schuh befestigt.

<u>Reflexion/Betrachtung der fertigen Roadster</u>
<u>Organisation einer Ausstellung</u>

Erfahrungsbereich	TA/Skizze
Meine Mitmenschen und ich / Andere Kulturen	***Masken mit Reis***
Thema	
Masken mit Reis	**Bsp.: Fischmaske**
Arbeitsbereich	
Formen mit Kleister und Reis	
Arbeitsmittel	Karton mit Reiskörnern bekleben
dicker, weißer Karton, Weißleim, Reiskörner (Langkornreis und Rundkorn), Holzstab, Plakafarben, Pinsel, Münze, Bleistift, Schere	bemalen
Querverbindungen	
HSU: verschiedene Kulturen evtl. Darstellendes Spiel	mit Haltestab versehen

Masken mit Reis
(2-3 UZE)

Lehrererzählung:

Erzählen von Maskenbällen in anderen Kulturkreisen
evtl. Bilder von kunstvollen Masken

Zielangabe:

Wir bauen uns Masken mit Reis

Mögliche Maskenformen:

Ungeheuer, Krake, Fisch, Katze, Eule, Blumen
je nach Phantasie und Lust

TA/Skizze

Bsp.: Eulenmaske

Gestaltung:

☝ Karton vor das Gesicht halten, Augen erfühlen und mit Bleistift kennzeichnen, anschließend mit der Münze Kreise aufzeichnen und zwei runde Löcher für die Augen schneiden.

☝ In der Größe des Gesichts Tiermaske aufzeichnen und ausschneiden, mit spitzer Schere Augen ausschneiden.

☝ Um die Ränder, um die Augen, für Nase, Flossen usw. Klebstoff auf die Maske streichen und Körner vom Langkornreis dicht nebeneinander legen und fest andrücken.

☝ Restliche Maske mit Kleber bestreichen, mit Körnern des Rundkornreises bestreuen und gut festdrücken.
Trocknen lassen.

☝ Gesichtsteile nach Belieben bemalen, entweder unwirklich in leuchtenden, knalligen Farben oder wirklichkeitsgetreu; Farben gut trocknen lassen, bevor weitergemalt wird, um ein Ineinanderlaufen zu vermeiden.

☝ Holzstab hinten an die Maske kleben (s.Abb.) und Maske damit vor das Gesicht halten.

☝ Wer eine ganz elegante Maske will, kann sie nochmal mit Kleber bepinseln und mit Glitter bestreuen.

Erfahrungsbereich	TA/Skizze
Meine Mitmenschen und ich / Andere Kulturen	***Schreiben wie die Indianer***
Thema	
Schreiben wie die Indianer	
Arbeitsbereich	
graf. Gestalten: Zeichnen mit Schreib- oder Zeichenfeder	✎: Beginne deine Geschichte in der Mitte deiner „Büffelhaut".
Arbeitsmittel	
Federhalter mit Schreibfeder, schwarze Tinte oder schwarzer Filzstift, braunes Tonpapier	✎: Setze die Zeichen wie bei einem Schneckenhaus bis zum Rand.
Querverbindungen	
HSU: verschiedene Kulturen Dt.:mdl./srftl. Sprachgebrauch	

Schreiben wie die Indianer
(2-3 UZE)

Vorlesen von Indianergeschichten /
Lehrererzählung:
Wichtige Ereignisse notierten die Indianer unter Verwendung von Zeichen auf Büffelhäuten.
Sie begannen sie in der Mitte und setzten die Zeichen spiralenförmig nach außen.
Nach Fertigstellung wurden die Büffelhäute zusammengerollt und aufgehoben.
Im Winter entrollten die Alten die Häute und erzählten die vergangenen Geschichten.

Zielangabe:
Du darfst dir heute eine Geschichte ausdenken und diese, wie ein Indianer, niederschreiben.

Betrachten bzw. eigenes Erfinden von Zeichen:
Nach ein paar gezielten Anregungen können die Kinder selbst Zeichen erfinden, der Klasse vorstellen und deren Bedeutung erklären. Weniger Zeit nimmt es in Anspruch, auf die Bildzeichen in der Zeitschrift „Praxis Grundschule, 5/97, Westermann Verlag" zurückzugreifen, doch wird hier die Phantasie der Kinder weit weniger angeregt.
Wenn man einen gewissen Zeichenfundus zur Verfügung hat, kann es an das Erfinden der Geschichten gehen.

TA/Skizze

Indianerzeichen

(weitere Zeichen s. Praxis Grundschule, Westermann, 5/97)
Menschen: Mann, Medizinmann, Trupp, krank, hungrig, satt, singen

Tiere: Fisch, Bison, Bär, Antilope / Treffer

Gegenstände: Zelt, Decke, Pfeil, Bogen, Seil, Kanu

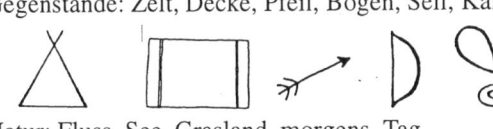

Natur: Fluss, See, Grasland, morgens, Tag

Die „Büffelhaut":
Zuschneiden des braunen Tonpapiers in Form eines Fells eines abgezogenen Tieres.

Aufschreiben der Geschichte:
Die Kinder beginnen in der Mitte und schreiben ihre Geschichte spiralenförmig nach außen.

Reflexion/Produktbesprechung:
Ausbreitung der „Büffelhäute" und Erzählen der Geschichten wie die Indianerhäuptlinge.

Weiterführung:
Schriftliches Niederschreiben der Geschichten und Aufkleben auf der Rückseite

An einem See waren Fische. Ein Mann hatte an diesem See geangelt und fing einen Fisch. Er baute sein Zelt auf einer Wiese auf. Am Morgen jagte er eine Antilope. Er war hungrig und deswegen aß er die Antilope auf einer Decke sofort auf. Danach fuhr er mit dem Kanu auf dem Fluss. Auf einmal bekam er einen Sonnenstich und wurde krank. Nun kam ein Arzt und alles war wieder gut. Vor Freude sang er und sah auf einmal einen ganzen Trupp Bisons. Er nahm Pfeil und Bogen und ein Seil. Nach der Jagd war er ganz satt.

Erfahrungsbereich	TA/Skizze
Meine Mitmenschen und ich / Andere Kulturen	

<table>
<tr><td>Erfahrungsbereich</td><td>TA/Skizze</td></tr>
<tr><td>Meine Mitmenschen und ich / Andere Kulturen</td><td rowspan="6">

Ein Indianerflugkreuz

Doppelseite Zeitungspapier

☺ von der schmalen Seite her
zu einem 3 cm dicken Streifen wickeln

☺ vier Streifen

☺ mit buntem Muster bemalen

☺ gut trocknen lassen

☺ 2 Kreuze binden

☺ Stern binden

</td></tr>
<tr><td>Thema</td></tr>
<tr><td>Ein Indianerflugkreuz</td></tr>
<tr><td>Arbeitsbereich</td></tr>
<tr><td>graf. und farb. Gestalten
Fadenverbindung</td></tr>
<tr><td>Arbeitsmittel</td></tr>
<tr><td>Zeitungspapier,
kräftiger Faden,
Wasserfarben, Pinsel</td></tr>
<tr><td>Querverbindungen</td></tr>
<tr><td>HSU: verschiedene Kulturen
Sport / Spiele</td></tr>
</table>

Ein Indianerflugkreuz
(2 UZE)

Einstimmung:

Vorlesen einer Indianergeschichte
oder Besuch im Völkerkundemuseum:
Erfahren der handwerklichen Geschicklichkeit dieses Volkstamms
z.B. im Hinblick auf Werkzeuge, Kleidungsstücke oder Spielzeug.

Zielangabe:

Indianerkinder spielten gerne mit Flugkreuzen aus Holz.
So ein Flugkreuz können wir uns aus Zeitungspapier basteln.

TA/Skizze

Gestaltung:

☺ Zuerst muss man eine Doppelseite Zeitungspapier von der schmalen Seite her zu einem 3 cm dicken Streifen wickeln.
☺ Man benötigt vier solcher Streifen.
☺ Für ein buntes Flugkreuz werden die gefalteten Streifen mit einem bunten Muster bemalt.
☺ Gut trocknen lassen.
☺ Jeweils zwei Streifen werden nun mit einem kräftigen Faden zu einem Kreuz zusammengebunden.
☺ Anschließend bindet man zwei Kreuze zu einem Stern.

Betrachtung / Reflexion:

Betrachten der fertigen Flugkreuze, Ausprobieren ihrer Flugeigenschaft

Spielvorschläge:

☺ Ein in den Boden gesteckter Stock stellt das Ziel dar.
Wer kann sein Flugkreuz möglichst nah an dieses Ziel werfen?

☺ Zuwerfen und Fangen des Flugkreuzes wie bei einer Fresbee-Scheibe.

Erfahrungsbereich	TA/Skizze
Meine Mitmenschen und ich / Verschiedene Kulturen	***Votivtafeln***
Thema	
Votivtafeln	**Gestaltung in Hinterglasmalerei**
Arbeitsbereich	
Betrachten und Hinterglasmalerei	☞ **Vorbereitungen:** Malkittel und Zeitungen für den Arbeitsplatz Glasplatte säubern
Arbeitsmittel	☞ **Gestaltung:**

Glasplatte (ca. 20 x 30 cm), Plakafarben oder Wasserfarben, Pinsel, Karton so groß wie die Glasplatte, Klebeband, Bilderhaken	Verwende Plakafarben und Haarpinsel.
	Male in umgekehrter Reihenfolge,
	    d.h. zuerst den Vordergrund
	        dann den Hintergrund.

Querverbindungen	
HSU: verschiedene Kulturen Religion bzw. Ethik	

Votivtafeln
(Betrachtung, 1 bis 2 UZE)

Einstimmung:

Zeigen eines Votivbildes oder falls möglich Unterrichtsgang in eine Kapelle und Betrachtung der dort aufgehängten Votivbilder.

Information:

Votivbilder sind religiöse Darstellungen zum Zweck der Fürbitte oder Danksagung, sie werden Heiligen gewidmet und Kirchen oder Kapellen gestiftet. Besonders zu finden sind sie an Wallfahrtsorten, wie z.B. in der Kapelle der Schwarzen Madonna in Altötting.
Viele Votivbilder zeigen Tiere oder Viehherden. Bauern baten damit um die Gesundheit ihrer Tiere oder dankten für die Rettung aus Not.
Andere Votivbilder zeigen Menschen im Krankenbett und wurden zum Dank für die Genesung aus schwerer Krankheit, für die Befreiung von einer Seuche oder für die Bewahrung vor einem Unfall gemalt.

TA/Skizze

Votivtafel zum Dank für Rettung vor dem
Tod, um 1562; Überlingen

Der Name „Votivtafel" stammt aus dem Lateinischen: „ex voto" und bedeutet: „auf Grund eines Gelübdes". Das heißt, dass der Stifter des Bildes gelobt hat, Gott auf diese Weise zu danken, wenn er von einer Krankheit geheilt wird oder eine Gefahr überstanden hat.
Votivbilder sind einfache, naiv gemalte Bilder.

Votivtafeln
(Hinterglasmalerei, 2 UZE)

Motivation:
Vielleicht erinnerst du dich an ein Erlebnis, dass dich sehr traurig machte oder dass dir Angst machte. Du darfst heute eine Art Votivbild auf Glas malen.

Vorbereitungen:
Glasplatte mit Wasser und Seife oder Spiritus säubern.
Arbeitsplatz mit Zeitungen auslegen, Malkittel anziehen.
Plakafarben sind Wasserfarben vorzuziehen, da sie nach dem Trocknen wasserfest sind und sich beim Übermalen nicht mehr auflösen.

Gestaltung:
Bei der Hinterglasmalerei wird in umgekehrter Reihenfolge gemalt, das heißt, alles, was man sonst zum Schluss malt, muss man jetzt am Anfang malen. Man arbeitet also vom Detail im Vordergrund zum Hintergrund hin. Außerdem muss seitenverkehrt gemalt werden. Deshalb sollte das Motiv möglichst einfach und klar gegliedert sein.
Das bedeutet für das Votivbild, dass man z.B. mit dem Kind im Bett beginnt, dann die Möbel und zuletzt die Wand malt.
Tipp: Zur Kontrolle sollte das Bild öfters umgedreht und von vorne betrachtet werden.

Fertigstellung:
Nach dem Trocknen wird auf die bemalte Seite ein Karton gelegt und mit Klebeband an den Kanten befestigt. Das Band wirkt dann zugleich wie ein Rahmen.
Wenn man oben in der Mitte einen selbstklebenden Bilderhaken befestigt, kann das Bild aufgehängt werden.

Erfahrungsbereich	TA/Skizze
Bilderwelt der Medien / Bewegte Bilder	
Thema	***Das Spannendste ist das Gesicht***
Das Spannendste ist das Gesicht	Punkt, Punkt, Komma, Strich, fertig ist das Mondgesicht. ..
Arbeitsbereich	
grafisches Gestalten, evtl. Computergrafik	
Arbeitsmittel	Verändere die Grundform:
Bleistift und Papier, Radiergummi, auch schwarzer Filzstift, evtl. Computer und Zeichenprogramme	* mit einer großen Nase * mit Glubschaugen * durch eine andere Kopfform * durch eine andere Mundform * mit Augenbrauen
Querverbindungen	
Dt./ srftl. Spg.: Herstellung eines Comicstreifens	

Das Spannendste ist das Gesicht
(evtl. Zeichnen eines Cartoons)
(2 UZE)

Motivation

Vorzeigen kurzer Cartoon-Streifen (z.B. aus der Tageszeitung).
Das Spannendste am Cartoon-Zeichnen ist das Gesicht

Zielangabe:

Wir verändern ein und dasselbe Gesicht und drücken damit völlig andere Gefühle aus.

Gestaltung:

freies Ausprobieren, anschließend auch gezielte Anweisungen

Reflexion / Produktbesprechung:

Betrachtung der entstandenen Gesichter, Gespräch über die Wirkung auf den Betrachter

mit Riesennase   mit Glubschaugen

unterschiedliche Gesichtsformen

mit verschiedenen Augenbrauen und Mundformen

<u>Das gleiche Gesicht - und doch drückt es eine ganz andere Stimmung aus:</u>

fröhlich   verträumt   skeptisch   extrem miss-   traurig
                                            trauisch

Erfahrungsbereich	TA/Skizze
Bilderwelt der Medien / Bewegte Bilder und ihre Helden	***Dragon Ball & Co***
Thema	
Dragon Ball & Co	Wählt einen euch allen bekannten Helden aus und besprecht mit dem Partner bzw. in der Gruppe:
Arbeitsbereich	
Betrachten	Aussehen:
	Kleidung
	Mimik
Arbeitsmittel	Körperbau und -haltung
Bilder aus Fernsehzeitschriften, Sammelbilder der Kinder (auch z.B. von Pokémon und Digimon)	Eigenschaften Sprache typische Verhaltensweisen
Querverbindungen	
Dt./mdl. Sprgebr.: Fernseh-verhalten / Wirkung von Gewaltszenen usw.	

Dragon Ball & Co
(1 UZE)

Motivation

Vorzeigen von Bildern aus dieser Vorabendserie (z.B. aus der Fernsehzeitung).

Zielangabe:

Viele von euch kennen ihn. Wie genau ihr über ihn Bescheid wisst, werden wir heute sehen.

Erarbeitung:

Damit auch Kinder, die die Serie nicht kennen, mitreden können, müssen unbedingt einige Bilder bereitgehalten werden.
Gruppenaufträge (vergl. TA)
(entweder arbeitsteilig oder arbeitsgleich, je nach Kenntnislage der Kinder)

Mögliche Schüleräußerungen
Aussehen:
furchterregendes Monster
rosafarbenes Wesen
muskelbepackt
Löcher in der Brust
eigenartige Antenne auf dem Kopf
gemeines Grinsen
Energiekugel im Körper
Verhalten:
lässt seine menschlichen Gegner vor Angst erstarren
tötet Menschen durch tödliche Strahlen
usw.

Mögliche Schüler-
äußerungen
Aussehen:
riesige Augen
merkwürdige Proportionen
holzschnittartiger Zeichen-
stil
wilde Haarpracht
usw.
Verhalten:
asiatischer Kampfsport

Erfahrungsbereich	TA/Skizze
Bilderwelt der Medien / Bewegte Bilder	***Scheuendes Pferd (Zettelkino)***
Thema	
Scheuendes Pferd	Herstellung des Streifens
Arbeitsbereich	
grafisches und farbiges Gestalten, evtl. Computergrafik	Zeichnen des Pferdes: Auf das untere Bild zeichnest du an den rechten Rand ein grasendes Pferd, auf das obere Blatt genauso ein scheuendes Pferd.
Arbeitsmittel	
Längsstreifen eines Zeichenblocks, Bleistift, Filz-oder Buntstifte evtl. Computer	Abrollen: Wickle den oberen Streifen um einen Bleistift und rolle ihn so schnell du kannst auf und ab. Dein Pferd wird lebendig.
Querverbindungen	

Scheuendes Pferd
Herstellung eines einfachen Films - das Streifenkino
(2 UZE)

Hinführendes Gespräch

Zeichentrickfilme und ihre Herstellung (s. Information rechts)

Zielangabe:

Wir wollen einen einfachen Film selbst herstellen, ein sogenanntes Zettelkino oder Streifenkino. Unser Thema heißt: „Scheuendes Pferd"
(Anm.: Für ein Zettelkino eignen sich viele weitere Themen, z.B.
- Zum Lachen und Weinen (lachendes und weinendes Gesicht,
- Hasso, der Wachhund (Hund mit offenem und geschlossenen Maul))

Herstellung des Zettelkinos:
Von einem Zeichenblockblatt wird längs ein etwa 10 cm breiter Streifen abgeschnitten und in der Mitte gefaltet.

TA/Skizze

Information zu Zeichentrickfilmen:

Walt Disney hat die größte Zeichentrickfilm-Fabrik der Welt geschaffen.
Beim Zeichentrickfilm wird jede Phase einer Bewegung gezeichnet. Die Zeichnungen werden nacheinander gefilmt. Dann wird diese Folge von Bildern vorgeführt, so entsteht der Eindruck von Bewegung.
Bei Walt-Disney-Filmen werden pro Sekunde 24 Bilder gezeigt. Bei billigeren Produktionen sind es nur 12 Bilder pro Sekunde. Hier wirken die Bewegungen weniger fließend. Für einen ganzen Film benötigt man etwa 65000 Zeichnungen. Der Arbeitsaufwand lässt sich dadurch reduzieren, dass unbewegliche Dinge im Hintergrund nur einmal gezeichnet werden müssen. Dazu zeichnet der Zeichner auf Folien, die den Hintergrund durchscheinen lassen. Heute entstehen viele Filme am Computer.

Gestaltung:

Auf den unteren Streifen zeichnen die Kinder zuerst mit Bleistift ein grasendes Pferd und gestalten den Hintergrund (Zaun, Baum..) (nicht ganz an den linken Rand hinausmalen).
Auf den oberen Streifen wird entsprechend ein scheuendes, hoch steigendes Pferd gemalt, der Hintergrund darf durchgepaust werden.
Hochsteigendes Pferd: Hinterbeine gestreckt, Vorderbeine angewinkelt
Wenn man mit beiden Zeichnungen zufrieden ist, können die Bilder farbig gestaltet werden, wobei Gleiches auch gleich angemalt werden muss. Als Farben sind Filzstifte, Buntstifte oder Wasserfarben gleichermaßen geeignet.

Abrollen:

Die beiden Bilder werden am linken Rand zusammengeklebt oder getackert.
Der obere Streifen wird fest um einen längeren Stift gewickelt und dann schnell über der unteren Zeichnung hin und her bewegt.
So entsteht der Eindruck einer Bewegung („stroboskopischer Effekt"),
da das menschliche Gehirn eine Folge von einzelnen Bildern zu einem Ablauf zusammenfügen kann.

Erfahrungsbereich	TA/Skizze
Bilderwelt der Medien / Bewegte Bilder	***Das Pferderennen*** ***Wir gestalten ein Daumenkino***
Thema	
Das Pferderennen	**Daumenkino:** Abreiß- oder Haftzettelblock Beginne auf der letzten Seite deines Blocks. Zeichne zwei Rennpferde mit ihren Jockeys. Mit jeder folgenden Seite änderst du leicht die Stellung und Bewegung von Tier und Reiter.
Arbeitsbereich	
grafisches und farbiges Gestalten, evtl. Computergrafik	**Darstellung des Bewegungsablaufs:** -Pferde überholen sich - Beine der Pferde abwechselnd angewinkelt bzw. gestreckt zeichnen - einen Reiter immer weiter nach vorne schieben - verschiedenfarbige Pferde bzw. Trikots malen
Arbeitsmittel	
Abreiß- oder Haftzettelblock (DIN A8), Bleistift, Filz-oder Buntstifte evtl. Computer	
Querverbindungen	
Bildbetrachtung von Meisterwerken	

Das Pferderennen
Wir gestalten ein Daumenkino
(2-3 UZE)

Hinführende Bildbetrachtung

z.B. „Rennen, Fehlstart" oder „Jockeys vor den Tribünen", Edgar Degas, 1869-1872.
Degas versucht den zufälligen Bewegungsausschnitt in eine feste Form zu fügen. Bevorzugte Themen seiner Bewegungsstudien sind Pferde auf der Rennbahn. Seine Bilder zeigen tänzelnde, nervös hin und her trippelnde Rennpferde, Jockeys in bunten Trikots, die versuchen, ihre Pferde in Zaum zu halten, Zuschauer unter Sonnenschirmen, die gespannt auf den Start des Rennens warten.
Zwar erscheint die Anordnung der Pferde zufällig, doch hat sie der Maler so beabsichtigt. So bildet z.B. die rechte Pferdegruppe auf dem Bild „Jockeys vor den Tribünen" ebenso eine Diagonale wie der Abtrennzaun der Zuschauer, nur in entgegengesetzter Richtung. Beide Linien treffen sich in der Ferne und vermitteln so dem Betrachter die Weite des Rennplatzes.

Zielangabe:

Wir wollen das Rennen selbst darstellen. Dazu basteln wir uns ein Daumenkino.

TA/Skizze

„Jockeys hinter einem Wagen" (Ausschnitt),
Edgar Degas,

Edgar Degas

(1834 - 1917), Sohn italienisch-amerikanischer Eltern, lebte in Paris, studierte zuerst Jura, brach es aber ab und lernte an der École des Beaux-Arts die Malerei.
Er wurde im Alter blind und musste aufhören zu malen bzw. Skulpturen zu bauen;

Über Manet stieß Degas auf den **Impressionismus.**
Dabei geht es den Künstlern um den Eindruck eines Augenblicks, um die Impression. Sie versuchen, einen einzigen Moment einer Bewegung, einen Augenblick, festzuhalten.

Herstellung eines Daumenkinos:
Man benötigt einen Abreiß- oder Haftzettelblock, DIN A8. Ist keiner zur Verfügung, kann man auch einen Papierbogen in visitenkartengroße Stücke falten und zerschneiden und diese an der Seite oder oben zusammenheften.
Beim Zeichnen gibt es zwei Möglichkeiten.
1. Variante von rückwärts:
Man zeichnet das letzte Bild des Filmchens auf das oberste Blatt. Dabei drückt man mit dem Bleistift so fest auf, dass auf dem nächsten Blatt ein leichter Abdruck zu erkennen ist.
Jetzt zeichnet man das zweitletzte Bild leicht verändert an der richtigen Stelle auf das nächste Blatt. So malt man den Film weiter rückwärts, bis auf dem letzten Blatt das erste Bild zu sehen ist.
2. Variante von vorne:
Du zeichnest das erste Bild auf das letzte Blatt deines Blockes mit schwarzem Stift. Auf weißem Papier schimmern die Umrisse durch. Nun kannst du auf das vorletzte Blatt das Bild durchzeichnen. Mit jeder folgenden Seite wird das Bild, z.B. die Stellung des Tieres, leicht verändert.
Abrollen des Daumenkinos:
Man hält den Block an der Klebeseite fest,
biegt ihn nach hinten und
lässt die einzelnen Blätter
mit dem Daumen zurückschnellen.

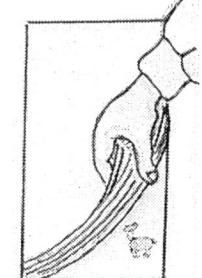

Bildnerisches Problem: Das Pferderennen
Wie im richtigen Rennen sollen sich die Pferde überholen. Dazu müssen Pferde und Jockeys in leicht veränderter Position gemalt werden. Die Beine der Pferde werden abwechselnd angewinkelt bzw. gestreckt. Ein Reiter schiebt sich immer weiter nach vorne und wird schließlich Sieger. Durch verschiedenfarbige Pferde bzw. Trikots kann man dies besonders gut deutlich machen.

Reflexion / Produktbesprechung: Austausch der einzelnen Daumenkinos
Gespräch über die Gelungenheit des Rennens

Erfahrungsbereich	TA/Skizze
Vorstellungswelten / Zukunftsvisionen	
Thema	***Astronaut auf dem Mond***
Astronaut auf dem Mond	
Arbeitsbereich	**Hintergrund:**
Farbiges Gestalten: deckendes Malen, Mischen von Grautönen	schwarzer Sternenhimmel
Arbeitsmittel	
Wasserfarben; Deckweiß, Mischpalette, Pinsel, Zeichenblock	Mond: Fläche in etwa quadratische Felder zerteilen; die Felder in verschiedenen Grautönen bemalen
Querverbindungen	
HSU: Vorstellungen von der eigenen Zukunft / Wünsche und Bedürfnisse	

Astronaut auf dem Mond (2-4 UZE)

Klassengespräch:

Sammeln von Vorwissen:
Planeten, Raumforschung, Astronauten, käufliche Besuche auf dem Mond usw.

Zielangabe:

Wir malen einen Astronauten auf dem Mond.

Gestaltung des Hintergrundes:

Blatt in Querformat nehmen, mit Bleistift großflächig einen Teil der Mondfläche leicht kenn-zeichnen (s.TA oben).
Sternenhimmel: schwarz bemalen, nach dem Trocknen Sternenpunkte hineinsetzen
Mond: Fläche in Felder zerlegen, die in etwa quadratisch sein sollen.
Mit Deckweiß, Schwarz und Wasser verschiedene Grautöne mischen.
Felder so bemalen, dass gleiche Grautöne nicht aufeinanderstoßen.
Trocknen lassen.

TA/Skizze

Gestaltung des Astronauten:

Betrachten von Bildern von Astronauten
Besprechen typischer Merkmale von Kleidung (Helm, Anzug, Stiefel und Ausrüstung)
(vergl.oben)
Malen des Astronauten auf die Graufelder in Weiß oder sehr hellem Grau.

Weitergestaltung:

Je nach Begabung könnten die Schüler noch eine Fahne oder den Schatten des Astronauten dazu
malen.

Reflexion / Betrachtung:

gemeinsames Betrachten und Besprechen der fertigen Werke, Ausstellung

Erfahrungsbereich	TA/Skizze
Vorstellungswelten / Zukunftsvisionen	***Besucher von einem anderen Stern*** **Absprengtechnik**
Thema	**Du brauchst:**
Besucher von einem anderen Stern	farbiges Tonpapier (DIN A4)
Arbeitsbereich	Deckweiß
Absprengtechnik	wasserlöslichen Kleber (Kleister)
	Tusche
Arbeitsmittel	Schwamm
wasserlösliches Deckweiß, wasserlöslicher Klebstoff (Kleister oder Gummiarabicum), schwarze Tusche, Pinsel, farbiges Tonpapier	**So gehst du vor:** ☞ Male dein Bild nur mit Deckweiß und Kleister; ☞ Nach dem Trocknen übermalst du das ganze Bild mit Tusche. ☞ Lass es trocknen.
Querverbindungen	☞Halte dann dein Bild unter den Wasserhahn und reibe vorsichtig mit dem Schwamm darüber.
HSU: Vorstellungen von der eigenen Zukunft / Wünsche und Bedürfnisse	

Besucher von einem anderen Stern
(2 bis 3 UZE)

Klassengespräch:

Vorstellungen über Bewohner auf anderen Planeten, Marsmännchen usw.

Zielangabe:

Du darfst heute einen Besucher von einem anderen Stern zeichnen.
Weil es ein besonderer Besucher ist, benötigen wir auch eine besondere Technik,
die sogenannte Absprengtechnik.

Erklärung der Absprengtechnik:

Beim Eintauchen in Wasser lösen sich das Deckweiß bzw. der wasserlösliche Kleber unter der Tusche auf und sprengen so die Tuscheschicht ab.

TA/Skizze

Hinweis:

Kleister braucht sehr lang zum Trocknen.
Besser geeignet ist Kristallgummi (Gummiarabicum),
das im Schreibwarengeschäft erhältlich ist.

Gestaltung:
(Malkittel und Malunterlage sehr empfehlenswert!!)

☞   Mit Deckweiß und/oder Kleber auf das Tonpapier einen Besucher von einem anderen Stern nach eigener Vorstellung zeichnen.

☞   Gut trocknen lassen.

☞   Blatt auf Malunterlage (Zeitungen) legen und alles mit schwarzer Tusche übermalen, so dass von der Zeichnung mit Deckweiß bzw. Kleber nichts mehr zu sehen ist.

☞   Wieder gut trocknen lassen. Nach dem Trocknen ist die Tusche wasserunlöslich.

☞   Anschließend Blatt unter den Wasserhahn halten und vorsichtig absprühen. Durch leichtes Reiben mit einem Schwamm lösen sich Deckweiß und Kleber auf und gehen mitsamt der Tuscheschicht ab. Während der Kleber durchsichtig ist und so die Farbe des Tonpapiers wieder zum Vorschein kommt, bleibt beim Deckweiß ein leichter weißlicher Schleier. Dadurch wird das Bild dreifarbig: Farbe des Tonpapiers, weißliche Färbung und Schwarz der Tusche.

Erfahrungsbereich	TA/Skizze
Vorstellungswelten / Zukunftsvisionen	***Eine Erleichterung für die tägliche Hausarbeit (Collage)***
Thema	
Erleichterer für die Hausarbeit	: Gestalte einen Hintergrund, wenn nötig
Arbeitsbereich	✂: Schneide aus dem Prospektmaterial die Gegenstände, die du für deine Erfindung brauchen kannst, sauber aus.
Collagieren von Bildern aus Prospekten, Katalogen...	
Arbeitsmittel	☞: Füge sie zu deiner Erfindung zusammen.
verschiedene Prospekte, Kataloge usw., Schere, Kleber	: Klebe die Teile vorsichtig auf. Nimm dabei nicht zu viel Klebstoff.
Querverbindungen	: Gib deiner Erfindung einen Namen.
HSU: Vorstellungen von der eigenen Zukunft / Wünsche und Bedürfnisse	

Erleichterer der täglichen Hausarbeit
(2 UZE)

Klassengespräch:

Entwicklung von Gegenständen / Veränderungen im Haushalt / Roboterzeitalter

Zielangabe:

Wir wollen uns auch als Erfinder betätigen und dafür sorgen, dass die tägliche Hausarbeit bequemer wird.
Deine Erfindung sollst du darstellen als Collage von Bildern aus Prospekten.

Vorbereitende Hausaufgabe:

Erfindung überlegen;
Prospektmaterial sammeln
(besonders geeignet sind Räder, Motoren, Werkzeug usw.)

Bildungsgehalt / Bildproblem:

Durch Umgestaltung trivialer Alltagsreklame zu etwas Eigenem, verändern die Kinder vorgefertigte Dinge der Wirklichkeit nach ihrem eigenen Willen und mit Hilfe ihrer schöpferischen, bildnerischen Phantasie.

Die Aufgabe besteht in der Bildmontage ausgeschnittenen Werbematerials. Dabei treten Überschneidungs- und Kompositionsprobleme auf. Die Schüler fangen an zu probieren, schieben hin und her und kommen auf neue Ideen. Die Elemente müssen miteinander verbunden werden, damit sie als Ganzes wirken. Verbindungen können auch mit Bleistift bzw. Wasserfarben gemalt werden.

Beim Aufkleben der Teile muss auf sparsamen Umgang mit dem Kleber und sauberes Einstreichen der Ränder geachtet werden.

Reflexion / Produktbesprechung:

Sammeln und Betrachten der durch Phantasie und Kreativität entstandenen Produkte. Besprechen hinsichtlich der
- Umsetzung der Gestaltungsaufgabe
- Gelungenheit der Bildmontage und der Verbindungen
- Sauberkeit des Klebens

Fahrbarer Staubsauger

Erfahrungsbereich	TA/Skizze
Vorstellungswelten / Zukunftsvisionen	
Thema	
Roboter	***Roboter***
Arbeitsbereich	
Räumliches Gestalten, Bauen mit starren und flexiblen Materialien, Nageln, Kleben	
Arbeitsmittel	
verschiedene Materialien, wie Schachteln, Kartons, Dosen, Korken, Holzschuhe, Röhren, Bauschutt usw.	
Querverbindungen	
HSU: Vorstellungen von der eigenen Zukunft / Wünsche und Bedürfnisse	

Roboter
(2-4 UZE)
(Partner- oder Gruppenarbeit)

Klassengespräch:

Entwicklung von Gegenständen /
Veränderungen im Haushalt /
Roboterzeitalter /
Vorstellungen von Robotern /
Betrachtung von Bildern von in der
      Industrie gebrauchten Robotern

Zielangabe:

Wir werden einen Roboter aus Abfallmaterialien bauen.

Didaktische Anmerkung: Gegenstandsumdeutung

Hier sind Phantasie und Kreativität gefragt. Jedes Material ist geeignet, wird völlig neu benutzt und kombiniert.

Beschaffung des Materials:

Die Schüler werden schon einige Tage vorher aufgefordert, Abfallmaterial und Bauschutt von Renovierungsarbeiten zu sammeln und mitzubringen. Nahezu jeder Gegenstand ist geeignet, der Phantasie sind keine Grenzen gesetzt. Einzig Größe und Gewicht der Gegenstände müssen zueinander passen.

Hier eine mögliche Auswahl:

für Körper und Kopf:
Schachteln, Schuhkartons, Balkenreste aus Holz usw.

für die Beine und Füße:
abgebrochene Besenstiele, Pappröhren,
alte Holzschuhe oder Badeschlapper oder Holzstücke mit aufgenageltem Riemen (z.B. von einer Waschmittelbox)

für die Arme:
ausrangiertes Werkzeug, z.B. ein abgebrochener Meterstab, eine verrostete Zange, ein verklebter Pinsel, ein defekter Schraubenzieher, Bierdosen, Pappröhren usw.

Zierrat für den Kopf:
ein Schuhabsatz als Mund, große Beilagscheiben als Augen,
Stäbe von Fähnchen mit Deckeln von Marmeladengläschen als Seitenantennen,
abgebrochene Radioantennen, Rohrschellen oder spiralig gedrehter Draht als Hauptantenne...

Verbindungstechniken:

Kopf und Körper werden durch ein Rundholz oder eine Pappröhre verbunden. Dazu werden im Durchmesser der Röhre Löcher gebohrt und die Teile ineinander gesteckt und verklebt.
Je nach Material erfolgt die Verbindung der restlichen Teile ebenfalls durch Bohren von Löchern und Ineinanderstecken bzw. durch Kleben, Nageln oder Schrauben.

Bemalung:

Durch eine Bemalung mit Temperafarben erhalten die Roboter ihre besondere Note.

Betrachtung / Reflexion / Ausstellung der Roboter

Erfahrungsbereich	TA/Skizze
Vorstellungswelten / Zukunftsvisionen	
Thema	
Plakat zum Umweltschutz	
Arbeitsbereich	
Graf. und farbiges Gestalten, evtl. Computergrafik	
Arbeitsmittel	
Wasserfarben, Stifte nach eigener Wahl, evtl. Computer	
Querverbindungen	
HSU: Abfallentsorgung evtl. Englisch	

TA/Skizze

__Wir gestalten ein Plakat zum Umweltschutz__

__Schrift:__
Plakat muss von der Weite lesbar sein
- große Buchstaben
- saubere, klare Schrift

Bild zur Verdeutlichung des Gesagten:
- einfache Bilder, Symbole

> ❗ **Bild und Schrift müssen** ❗
> **zusammenpassen**

Wir gestalten ein Plakat zum Umweltschutz

Klassengespräch:

Abwasseraufbereitung, Abfallentsorgung, Umweltschutz sind heutige und zukünfige Probleme der Menschen, über die man sich Gedanken machen muss.

Zielangabe:

Mit Plakaten wollen wir unsere Mitschüler / Mitglieder der Gemeinde zu umweltbewussten Verhalten anregen.

Gestaltung
gedankliche Arbeit
- Botschaft überlegen;
- Botschaft kurz und prägnant ausdrücken,
  die Verwendung der unterrichteten Fremdsprache bietet sich an und wird von den Schülern gern bevorzugt, natürlich kann die Lehrkraft hier helfend eingreifen

Schrift

Bei Benutzung eines Computers können die Schüler die Wirkung des Schriftbildes ausprobieren. Entscheidend sind
- die Größe, also der Schriftgrad
- der Schriftschnitt (fett, kursiv, normal), Annäherung und Abrückung
- die Schriftart
- der Zeilenabstand

Fette Schriften und enge Annäherung der Buchstaben ergeben ein dunkleres Schriftbild, magere Schriften und weite Abrückung der Buchstaben ergeben ein helleres Schriftbild.

Je ausgeglichener die Zeilenabstände sind, umso ruhiger ist der Ausdruck des Schriftbildes, je unterschiedlicher sie sind bzw. je mehr Unterbrechungen zwischen den Buchstaben oder Wörtern sind, desto unruhiger wirkt es.

Außerdem muss sich der Schüler den Ort seiner Mitteilung überlegen, oben, unten oder mittig, rechts oder links.

Sollen einzelne Wörter hervorgehoben werden? Ein Hervortreten setzt aber ein Zurücktreten anderere Teile voraus.

Bei allen Überlegungen muss im Vordergrund stehen, dass ein Plakat auf die Ferne wirken soll.

Bild

Die Komposition von Bild und Schrift muss auf Sammlung und Straffung, auf Vereinheitlichung gerichtet sein. Die Gestaltung des Bildes kann zeichnend, malend oder druckend erfolgen.

Reflexion, Produktbesprechung

Gelungenheit der Komposition von Schrift und Bild, Wirkung aus der Ferne;
Gespräch: Erreicht die Botschaft den Leser?

Literaturhinweise:

Bildende Kunst 1, Sehen-Verstehen-Gestalten; Michael Klant und Josef Walch; Schröedel Schulbuchverlag, Hannover 1993

Die Coca-Cola Story; P.Aldenrath; Tessloff Verlag, Nürnberg 1999

Natur-Basteleien; Heather Amery; Karl Müller Verlag, 1995

Nur Natur - Ein Werk- und Aktionsbuch für alle Sinne; M.Harand-Krumbach; Zebold Verlag GmbH, München 1993

Psychologie der Werbung; L.v.Rosenstiel, A.Kirsch; Komar Verlag, 1996

United Kids, Spiel- und Aktionsbuch Dritte Welt; Hrsg. G.Dietz; Elefanten Press, 1991

Malschule für Kinder; Kim Solga; Augustus Verlag, Augsburg 1991

Mal- und Zeichenspaß für Kinder; Traudl und Jürgen Schönwiese; Ravensburger Buchverlag, Ravensburg 1997

Das große farbige PLAKA-Buch, Malen und Basteln; Hans-Jürgen Giesecke, Falken-Verlag, Niedernhausen, 1988.

Kunst für Kinder, eine Entdeckungsreise durch das Wallraf-Richartz-Museum und das Museum Ludwig; Wienand Verlag, Köln 1991.

Everyone can draw crazy cartoons; David Mostyn; Red Fox, London 1990

Abenteuerreisen

BEWEGUNGSSPIELE

für die **Grundschule**

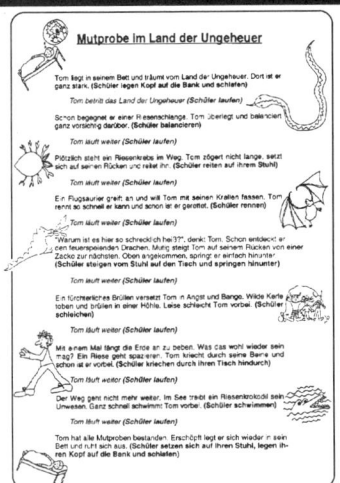

Mutprobe im Land der Ungeheuer

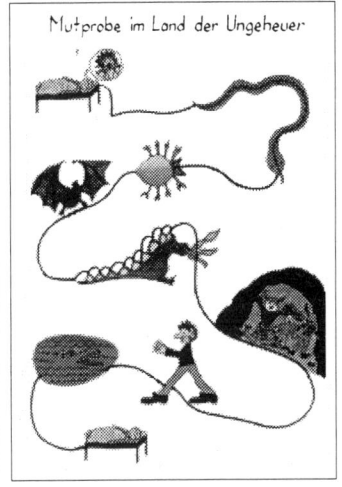

Mutprobe im Land der Ungeheuer

Inhaltsübersicht:

Trimm - dich - Pfad

Mutprobe im Land der Ungeheuer

Der einsame Pinguin

Geisterstunde

Skifahren

Weltraumreise

Im Hasenland

Im Zirkus

Badeausflug

Abenteuerreisen Bd. I

Nr. 792 9 Farbfolien   € 21,50
mit Textbegleitung

Noch mehr **Abenteuerreisen**

BEWEGUNGSSPIELE

für die **Grundschule**

NEU

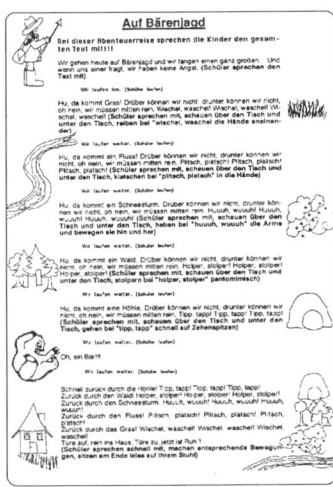

Auf Bärenjagd

Auf Bärenjagd

Inhaltsübersicht:

Auf Bärenjagd

Im Zoo

Triathlon

Immer dieser Michl

Unser Klassenzimmer als Fittnessstudio

Kasperles Tagesablauf

Ein Igel auf Herbstspaziergang

Wir tauchen in die Unterwasserwelt

Mit Pipi auf Abenteuer

Abenteuerreisen Bd. II

Nr. 799 9 Farbfolien   € 21,50
mit Textbegleitung

Renate Geisberger

Bewegungsideen für zwischendurch

in der Grundschule

NEU

NEUERSCHEINUNG

Inhaltsübersicht:

1. Bewegungsgeschichten Im Schnee, In der Sonne, Der Riese und der Zwerg, Der Frosch, der kein König war, Der kleine Nils auf der Gespensterburg, Ein Wundermittel gegen die Traurigkeit, Am Morgen, Die drei Fragen des Königs aus dem Südreich, Der Fahrradsturz, Weißt du, wer ich bin?, Besuch im Tierpark, **2. Bewegungsspiele** Tierpark, Alle Tiere tanzen, Tierfamilie, Versteinerter Zoo, Kennst du die richtige Antwort?, Welches Einmaleins?, Einmaleinszahlen, Ich hebe meinen Arm, Was mach ich?, Fliegen-hüpfen-schwimmen, „Wechsel", Platztausch, Herr Chang aus China, Guten-Morgen-Spiel, Stuhlfangen, Stop, **3. Bewegungsfolien** Auf Schatzsuche, Am Strand, Europareise, Dornröschens Prinz, Feuerwehrmann Brand, Auf dem Volksfest, **Anlage** Tierkarten: Affe, Bär, Elefant, Tierkarten: Hase, Schlange, Daumenkino

Bewegungsideen für zwischendurch

Nr. 957 *36 Seiten*   € 8,90

TANJA LITTWIN

Lustige Muntermacher für Zwischendurch

Kurze Bewegungsspiele zur Auflockerung des Unterrichts

1, 2, 3 im Sauseschritt

Inhaltsübersicht:

Vorwort

1 Gymnastische Übungen

2 Singspiele

3 Pantomimespiele

4 Reaktionsspiele

5 Ausklangmöglichkeiten

6 Ruhigere Spiele zum Sammeln

Lustige Muntermacher 1.-4.

Nr. 859 *72 Seiten*   € 12,50

KOPIERHEFTE mit Pfiff!

Christine Sikasa

Kleine Hilfen für den Unterricht

in der *Grundschule*

Urkunden, Fleißkarten, Plakate, Tabellen, Namensschilder, Briefe, Kalender

Urkunde für unseren Klassenclown

Inhaltsverzeichnis:

1. Stundenpläne
2. Urkunden für den Unterricht
3. Urkunden für´s Schullandheim
4. Leseraupe
5. Fleißkarten
6. Geburtstagskalender
7. Gruppenkarte
8. Freie Arbeit
9. Rechenspiel
10. Elternbriefe
11. Rücksichtspunkte-Tabelle- und Liste
12. Namensschilder
13. Plakate
14. Adventskalender

Kleine Hilfen zum Unterricht 1.-4.

Nr. 359 *48 Seiten*   € 9,90

Leseraupe

Name der Leseratte

Stand der Preise 2002 - Bitte beachten Sie unsere aktuelle Preisliste!

pb verlag®

Deutsch
kompakt

294	**3. Schuljahr Bd. I**		
	Texte verfassen, 122 S.	✍	**17,50**
295	**3. Schuljahr Bd. II**		
	Richtig schreiben	✍	**i.V.**
296	**3. Schuljahr Bd. III**		
	Lesen/Literatur begegnen 108 S. ✍		**16,50**
459	**3. Schuljahr Bd. IV**		
	Sprache untersuchen, 116 S.	✍	**17,50**
971	**4. Schuljahr Bd. I**		
	Texte verfassen, 123 S.	✍	**17,50**
972	**4. Schuljahr Bd. II**		
	Richtig schreiben	✍	**i.V.**
973	**4. Schuljahr Bd. III**		
	Lesen/Literatur begegnen 128 S. ✍		**17,90**
460	**4. Schuljahr Bd. IV**		
	Sprache untersuchen 119 S.	✍	**17,50**

Rechtschreiben

891	**4. Schuljahr** *70 S.*	✍	**14,50**
545	**Meine Wörterwerkstatt mit**		
	Wortbausteinen 3./4., 66 S.	✍	**13,90**

 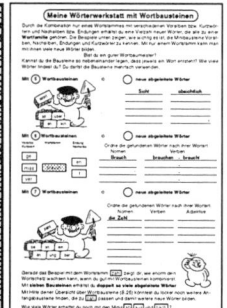

Grundwortschatz in Nachschriften
Lauf- und Büchsendiktaten

789	**3. Schuljahr** *94 S.*	✍	**15,90**
790	**4. Schuljahr** *106 S.*	✍	**16,90**

Die lustige Rechtschreibkartei **UP**

877	**3. Schuljahr** *110 S., A5 quer* ✍		**14,50**
044	**4. Schuljahr** *110 S., A5 quer* ✍		**14,50**
544	**Kleines Einmaleins zum richtigen**		
	Schreiben 3./4., *88S., A5 quer* ✍		**13,90**

Grundwortschatz-Schülerhefte

769	**Mein Wörterlexikon i. d. Grundschule**		
	96 S., DIN A5	✍	**5,90**
990	**Mein Rechtschreibregelheft**		
	geordnet nach Rechtschreibfällen mit lustigen		
	Lernspielen, DIN A4, 32 S.	✍	**4,90**
765	**Mein Grundwortschatz 3.**	✍	**4,90**
	in lateinischer Ausgangsschrift, 66 S.		
766	**Mein Grundwortschatz 4.**	✍	**4,90**
	in lateinischer Ausgangsschrift, 72 S.		
546	**Meine Wörterliste für die GS** *20 S.* ✍		**2,50**

Aufsatzerziehung

836	**So schreibe ich spannende Geschichten**		
	3./4. Schuljahr, *104 S.*	✍	**16,90**
843	**Kreatives Schreiben, 3./4. Schuljahr** ✍		**14,50**
983	**Spielen mit Sprache macht Spaß**		
	78 S. Kartei DIN A5	✍	**12,90**
703	**Erzählen u. Unterhalten**		**16,90**
	3./4. Schuljahr		

Aufsatz/Kopierhefte

076	**Band I, Erleben und Erzählen**		
	88 S., 51 KV	✍	**15,50**
077	**Band II, Beobachten, Berichten, Beschreiben**		
	80 S., 57 KV	✍	**14,90**
078	**Band III, Überlegen und Begründen**		
	68 S., 37 KV		**12,50**

Literatur/Lesen

763	**Kinder- u. Jugendliteratur lesen und**		
	erleben, 3./4. Schuljahr, *144 S.*		**18,50**
097	**Phantasiegeschichten, 3./4. Schuljahr**		
	Texte z. Kreativität u. Meditation, 56 S.		**11,50**
764	**2.-4. Schuljahr, Spannende**		
	Geschichten zum Sachunterricht		
	z. Lesen, Vorlesen u. Nacherzählen, 64 S.		**11,50**

Kopierhefte

350	**Lesefreude mit Märchen** *58 S.* ✍		**12,90**
352	**Lesefreude mit Legenden**		
	und Sagen *56 S.*	✍	**12,90**
353	**Lesefreude mit Lachgeschichten**		
	und Schwänken *52 S.*	✍	**12,50**
969	**Lass dir Zeit** *90 S.*	✍	**14,90**
354	**Minikrimis, 3./4. Schuljahr**		
	Detektive sind Benni, Lu u. du, 46 S. ✍		**10,90**

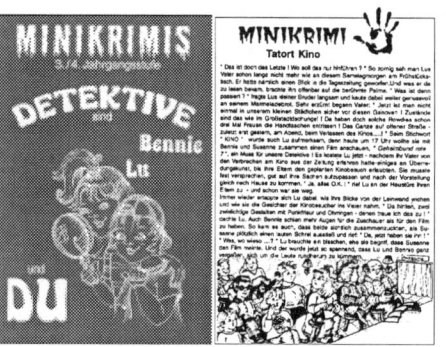

079	**Lesen mit Lust 3** *64 S.*		**12,50**
080	**Lesen mit Lust 4** *64 S.*		**12,50**
358	**Mit viel Spaß fit im Lesen 3./4.** *46 S.* ✍		**10,90**

Gedichte/Stundenbilder

135	**3./4. Schuljahr**		**13,90**
	93 Seiten, 18 Gedichte z.B. von Goethe, Krüss,		
	Ringelnatz, Roth...		

Sprachbetrachtung/Sprachlehre

187	**Sprachlehre macht Spaß, 3./4. Schulj.,**		
	92 Seiten		**14,50**

Fremdsprachen

962	**Französisch i. d. Grundsch.,** *104 S.*		**14,50**
963	**Englisch kompakt 3./4.,** *137 S.*		**18,50**
028	**CD zu Englisch kompakt**		**19,90**

974	**Ready, steady, go**		
	Spielekartei Englisch 110 S.		**14,50**

Heimat- und Sachunterricht
Stundenbilder

743	**3./4. Schuljahr Band I**	✍	**17,90**
	Geschichte, Sozial-u. Wirtschaftslehre,		
	verkerserziehung, 140 S.		
744	**3./4. Schuljahr Band II**	✍	**15,90**
	Biologie, Erdkunde, Physik, Chemie, 108 S.		
738	**4. Schuljahr Band I**	✍	**17,90**
	Kind und Gemeinschaft / Kind und Ge-		
	schichte / Kind und Raum / Warenher-		
	stellung / Dienstleistungen, 136 S.		
739	**4. Schuljahr Band II**	✍	**16,90**
	Kind und Gesundheit / Kind und Wald / Kind		
	und Tierwelt / Kind und Natur, 120 S.		

Lernzielkontrollen/Proben

797	**3. Schuljahr,** *64 S.*	✍	**13,50**
798	**4. Schuljahr,** *64 S.*	✍	**13,50**

Umwelterziehung/Stundenbilder

255	**Umwelterziehung, 4.-6. Schj.**		**9,90**
	Lesestoffe, Kopier- u. Folienvorlagen,		
	Lieder mit Noten zur Tonkassette		

Verkehrserziehung

186	**3./4. Schuljahr,** *98 S.*	✍	**15,50**

Kopierhefte mit Pfiff

725	**3. Schuljahr Band I,** *78 S.*	✍	**14,90**
	Gemeinschaft, Geschichte, Zeit, Raum		
726	**3. Schuljahr Band II,** *80 S.*	✍	**14,90**
	Kind und Natur		
727	**4. Schuljahr Band I,** *64 S.*	✍	**13,50**
	Gemeinschaft, Geschichte, Zeit, Raum		
728	**4. Schuljahr Band II,** *64 S.*	✍	**13,50**
	Kind und Natur		

Gesunde Ernährung

391	**Reise durch das gesunde**		
	Schlaraffenland, *64 S.*	✍	**13,50**

HSU kompakt

274	**HSU kompakt 3 Bd. I** *140 S.*	✍	**18.90**
275	**HSU kompakt 3 Bd. II** *140 S.*	✍	**18,90**
276	**HSU kompakt 4 Bd. I**	✍	**i.V.**
277	**HSU kompakt 4 Bd. II** *154 S.* ✍		**19,90**

Projektunterricht

993	**Projektideen**		
	zum Sachunterricht *64 S.*	✍	**13,50**
287	**Unser eigenes Thema 3/4** *70 S.* ✍		**14,50**

Rund ums Jahr
Feste und Gedenktage

364	**Frühling u. Sommer, Bd. I,** *120 S.* ✍		**16,90**
365	**Herbst u. Winter, Bd. II,** *120 S.* ✍		**16,90**

Brauchtum 2.-4. Schuljahr

169	**Brauchtum und Feste im (Kirchen-)**		
	Jahr, Band I, *134 S.*		**15,50**
	Erntedankfest bis Hl. Drei Könige		
170	**Brauchtum und Feste im (Kirchen-)**		
	Jahr, Band II, *122 S.*		**14,90**
	Vom Fasching bis zu den Sommer-		
	feiertagen,		

Kath. Religion

155	**3. Schulj.,** *116 S., 20 StB, 14 FV*		**15,50**
156	**4. Schulj.,** *138 S.*	✍	**18,90**

Ethik

264	**3. Schuljahr**	✍	**i.V.**
265	**4. Schuljahr** *144 S.*	✍	**18,90**
794	**Kurzgeschichten zum Ethikunterricht**		
	3./4. Schuljahr		**9,90**
	44 Themenvorschläge, Denkanstöße		
	und Diskussionsschwerpunkte, 50 S.		

✍ = Neue Rechtschreibung